HarperCollins*Publishers*

U0669186

动中觉察

Awareness Through Movement

〔以〕摩谢·费登奎斯　著

林若宇　曹晓东　郭建江　译

北京科学技术出版社

Awareness Through Movement: © 1972, 1977 by Moshe Feldenkrais
Published by arrangement with HarperOne, an imprint of HarperCollins
Publishers.

著作权合同登记号
图字：01-2018-0599

图书在版编目（CIP）数据

动中觉察 /（以）摩谢·费登奎斯（Moshe Feldenkrais）著；林若宇，曹晓东，郭建江译.
— 北京：北京科学技术出版社，2019.3（2025.1重印）
　　书名原文：Awareness Through Movement
　　ISBN 978-7-5714-0036-1

Ⅰ.①动… Ⅱ.①摩… ②林… ③曹… ④郭… Ⅲ.①运动训练 Ⅳ.①G808

中国版本图书馆CIP数据核字（2019）第005957号

责任编辑：于庆兰
责任校对：贾　荣
责任印制：吕　越
图文制作：北京永诚天地艺术设计有限公司
出 版 人：曾庆宇
出版发行：北京科学技术出版社
社　　址：北京西直门南大街16号
邮政编码：100035
电话传真：0086-10-66135495（总编室）
　　　　　0086-10-66113227（发行部）
电子信箱：bjkj@bjkjpress.com
网　　址：www.bkydw.cn
印　　刷：三河市国新印装有限公司
开　　本：880mm×1230mm　1/32
字　　数：135千字
印　　张：6
版　　次：2019年3月第1版
印　　次：2025年1月第8次印刷
ISBN 978-7-5714-0036-1

定　　价：58.00元

致读者

亲爱的读者：

在各位读者开启阅读之前，相信你已经对费登奎斯的生平有了些许了解。在这里我将对各种不同版本中有关摩谢著作描述的错误进行勘误。其中，《诺拉的实例》（*The Case of Nora*）的原书名为《大脑的探索：诺拉的实例》；《强有力的自我》出版于1984年，书中有两章是由摩谢的朋友所写，这是因为摩谢的原稿中其实并没有包含这两个章节。

除了对他的生平介绍稍有不同之外，我也将分享一些对他的生命历程有重要影响的事件，这些内容在其他地方你可能很难看到。我认为，这些因素对于《动中觉察》一书中重要思路的形成起到了重要作用。

除了翻译了埃米尔（Email Coue）的著作之外，费登奎斯博士也研读了当世伟大思想家的著作。他学习了西格蒙德·弗洛伊德（Sigmund Freud）和卡尔·荣格（Carl Jung）的所有著作，以及心理学家让·皮亚杰（Jean Piaget）关于儿童发育的理论。此外，他还阅读了自己夫人的著作，他们同一时期在法国学习，费登奎斯夫人学习的专业是儿科学（后来她成为儿科医师）。大学期间，在大量阅读心理学与儿童发育的相关著作的同时，他也热衷于观察身边的婴儿与儿童的动作行为。其中最让他着迷的是，婴儿本能动作发育中的里程碑动作（翻滚、爬行、站立、行走）——这些行为均由天生的好奇和学习的欲望所激发。而他本人也具有异于常人的优势：他可以流畅地使用 5 种语言，几乎可以记住读过的所有书的内容，他还具有非凡的好奇心。这些能力和天赋是他原创性思考的根本。

第二次世界大战期间，在逃离法国之后，他就职于英国海军部队。周围的很多同事与他一样，都是科学家，且他们都对于神经科学家休林斯·杰克逊（Hughling Jackson）、克劳德·伯纳德（Claude Bernard)，以及俄国科学家、神经科学家斯帕朗斯基（A. D. Speransky, M.D）的研究非常感兴趣。工作之余，他们会不断地讨论这些神经科学家正在进行的或已经完成的研究成果。费登奎斯从来没有停止对这一领域的探索，并与几位著名的神经科学家和儿童教育工作者建立了友谊，这些人包括卡尔·布里布卢姆（Karl Pribrum）、海因茨·冯·弗尔斯特（Heinz Von Forester）、马格里特·米德（Margaret Mead）、埃丝特·塞伦（Esther Thelen），以及传奇心理学家与催眠治疗家米尔顿·埃里克森（Milton Erickson）。

结合自己丰富的机械与物理学知识，以及柔道和忍术技能，费登奎斯展示了如何让骨骼和肌肉高效动作，从而提高人们基本的自我保护能力。综合考虑他 14 岁离家踏上远赴巴勒斯坦未知之路的经历，你就会发现，这一切都非偶然。在巴勒斯坦他必须适应英管条件下与阿拉伯人一起生活的情况，做为一名犹太人他也必须在第二次世界大战期间求得生存。此后，作为欧洲大屠杀的幸存者，他生活在一个新建的国家——以色列。

对于心理学、儿童发育和神经科学的研究，使费登奎斯更深入地理解人类神经系统。人类拥有复杂前额叶的社会性哺乳动物的大脑可以通过觉察进一步提升自身。

费登奎斯博士清醒地觉察到，大部分社会和政府对于独立的、自我为导向的个体的限制，以及其带来的后果。他毕生的工作就是解决这种冲突。他试图找到一种帮助当代人控制和恢复自己学习过程的方法。基于自己广博的学识、多学科的知识体系，他认为人类可以达到"自己认定的"更高的潜能水平。这就意味着，我们要从习惯性的骨骼肌肉反应模式中解放出来；也意味着，让人们从自己更高效和更有力的身心中获得更直接的经验。这是一种完全不同的路径。在做一些新异的、非习惯性的动作组合时，如果我们可以同时使用自己的觉察能力，我们就可以学会改变我们习惯性的日常动作，进而改变我们习惯性的思维和日常活动方式。

本书容纳了费登奎斯博士的所有学习成果的总结及他的经验。初读下来，它似乎只是一本可以增加身体活动度的动作书。但是如果仔细研读，你会发现它更是一本有关社会的综合性著作，包括了社会对"我们之所以成为我们"的影响的探讨，例如，社会通常遵循它的总体目标，而未必服务于我们个人的需求。

如果你只读本书的前半部分，你将会理解费登奎斯的手法部分（功能整合）为何能够帮助那些患有创伤、卒中、偏瘫、孤独症、MS、大脑性麻痹及其他神经系统疾病的患者，以及患有骨骼、肌肉、筋膜疾病的患者，甚至能帮你理解与这些疾病有关的环境因素。

如果你只实践本书动作部分的内容，你将会理解为什么这种方法可以提高武术练习者、舞蹈演员、瑜伽练习者及运动员等的行动与思维。在直立状态下你会变得更不费力，向各个方向的移动也更轻松；由站至坐或由坐至站的动作会更流畅和轻松。你的双眼会更好地决定身体的张力；同样，你也更能理解你的身体如何影响你的双眼，影响你如何去看。走起路来，你会觉得更轻、更稳，在特定的时刻你总是能最好地运作自己。你的骨盆区会更有活力，进而让你的四肢能产生更大的力。你会感觉自己的头是浮在身体的上方。你的动作与自己所处的空间会更协调。你的自我意象也会提升，你的呼吸、思考和感受更能整合为一体。

摩谢·费登奎斯在本书的最后一部分写到，"觉察是人类发展的最高阶段……当个体变强，他将更有激情……当一个人的觉察更为完整，他会满足于自己的激情。他的每一个行动也会更具人性"。

杰瑞·卡森（Jerry Karzen）

费登奎斯培训教育总监

2018 年 9 月

目　录

第一部分　边做，边理解

引言 / 3

自我意象 / 10

发展阶段 / 24

从何处着手，如何开始 / 29

结构与功能 / 40

发展的方向 / 49

第二部分　边做边学：12 节课

引言 / 57

学习提示 / 63

第 1 课　什么是好姿势 / 66

第 2 课　什么是好动作 / 85

第 3 课　动作的基本特征 / 91

第 4 课　分辨与呼吸有关的部位与功能 / 99

第 5 课　伸肌与屈肌的协调 / 108

第 6 课　通过虚拟钟表盘进行骨盆动作的分化 / 116

第 7 课　头的摆放如何影响肌肉的状态 / 125

第 8 课　优化自我意象 / 133

第 9 课　空间关系与动作协调 / 144

第 10 课　用眼睛的动作组织身体的动作 / 150

第 11 课　用我们可意识到的部位去觉察
　　　　　那些我们意识不到的部位 / 161

第 12 课　思考与呼吸 / 168

附言 / 177

第一部分

边做，边理解
(Understanding While Doing)

引　言

　　我们的行为与我们的自我意象（self-image）是相一致的。这种自我意象也反过来主导我们的行为，自我意象在不同程度上受到以下三种因素的影响：遗传、教育和自我教育。

　　受遗传影响的那部分自我意象是非常不容易改变的。个体的生物天赋——神经系统、骨骼结构、肌肉、组织、腺体、皮肤与感官的形态和能力，早在个体有任何特性之前，便已经被生理遗传所决定了的。人的自我意象的形成源自于对自己所正常经历之事产生的行为与反应。

　　教育决定了某人所使用的语言，并使其建立对于特定社会的观念与反应模式。这些观念与反应会依据此人生活的环境发生变化。这些观念与反应，不是人类作为一个物种所具有的一般特性，而只是某一群体或个体所独有的。

　　教育会在很大程度上决定我们自我教育的方向。自我教育是我们成长过程中最为积极（活跃）的因素。相较于生物本质发展，自我教育更常用于社会层面的发展。我们的自我教育会影响那些来自外部教育所获得的行为方式，以及选择学习的材料和我们不能吸收进而拒绝的东西。教育和自我教育的过程会以间歇性的方式发生。在婴儿出生的第 1 周，教育主要是吸收环境信息，这时自我教育几乎是不存在的。若有的话，它仅包括拒绝和抗拒任何一切与他生命体相异或基于他遗传特征不可接受的事物。

随着生命的成长，自我教育不断演进并趋于稳定。婴儿逐渐形成自己的个人特征，他开始从众多事物中做出选择并完成与其天性相符的行为。他不再全部接受强加于他的事物。施于我们的教育以及我们本身具有的特征共同决定了我们的行为习惯和行动的趋势。

在建立自我意象的三个积极性因素中，仅自我教育在某种程度上由我们自己掌控。我们无法选择生理遗传，而教育是社会施加于我们的，在生命早期就连自我教育也非完全取决于个人意志。遗传特征、个人特征、神经系统的运作状况、长期严格的教育因素均影响自我教育。遗传使我们每个人在体格、相貌和行为上成为独一无二的个体。教育使我们成为特定社会中的一员，使我们尽可能变得与社会其他成员一样。社会规定我们的衣着方式，使我们与他人在外表上更为接近。通过语言学习，我们学会与他人用相似的方式进行表达。教育使我们形成特定的行为模式，为我们灌输价值观，并监督"自我教育"也要以同样的方式运作，让我们期待自己跟别人一样。

自我教育是让我们成为个体的积极因素，并让遗传特征以具体的行为方式展现自己的不同。但是，在上述各种因素的影响下，我们也开始倾向于让自己的行为与大多数人的行为趋于一致。我们知道，当今教育的主要缺陷便是它建立在古老而原始的实践之上，它的平等化目的既不明确，也不清晰。

　　当然，这样的缺陷也有优点，它可以塑造那些难以社会化的个体。即使如此，教育并不总是能彻底压制自我教育。即使在教育方法不断改进的发达国家，人们的意见、外表和抱负也越来越相似。大众传播的发展，以及对平等的政治愿望的诉求，也明显加剧了个人身份的模糊。

　　基于教育学和心理学领域的现代知识、技术，哈佛心理学家斯金纳 (B. F. Skinner) 教授设计了培养"满足、能干、受过教育、快乐和有创造力"个体的方法。实际上，虽然我们没有明确地说明，但这也是教育的目的。就这些方法的实效性而言，斯金纳当然是对的。毫无疑问，有朝一日，我们将能培养出受过良好教育的、有组织的、满足的和快乐的人类；如果我们应用生理遗传方面的全部知识，我们甚至能成功地创造出各种类型的人类，以满足社会的所有需要。

　　这样的乌托邦，是目前状况的合理逻辑结果，非常可能在我们的有生之年内实现。为了实现它，我们只需要创造生物一致性，并利用适当的教育方法来防止自我教育。很多人觉得，社群比组成它的个体更重要。我们发现几乎所有发达国家，虽然实现目标的方法有所不同，但都有发展这种社群的趋势。并且他们都似乎普遍认为，改善就业、生产及提供人人平等机会的社会化进程是最重要的。在每个社会中，他们都尽可能以年轻一代的教育培养符合社会所需的素质为目标，这样，社群才会在没有任何大的干扰下起作用。

　　也许，这种社会趋势可能与人类物种的进化趋势是一致的；如果真是如此，每个人当然应该为这一目标的实现而努力。

　　然而，如果我们暂时不考虑这种社会概念，转而去考虑个体本身，我们发现，社会并不只是组成社会的人的总和。从个体的角度来看，他们也许不这么认为。首先，个体必须要能够进入社会，他必须成为社会接受的有价值的成员，而他在自己眼中的价值又受他在社会上的地位所影响——这一点对于个体来讲是非常重要的。对个体来说同样重要的是，社会也要让他能在其中锻炼其个人特质，发展和表达其个性中的独特个人倾向。生物体个体特征源自于生物遗传，其表达对生物体效能最大化是必不可少的。当社会一致性趋势与个体特性发生冲突时，解决问题的方式一般有两种：抑制个体的生物需求或让个体认同社会需求（这一方式似乎无强迫性）——这可能甚至让个体觉得当个体行为不符合社会价值观时，自己是没有价值的。

　　社会提供的教育同时指向两个方向。一是通过取消支持来惩罚个体，压制任何不配合的可能；同时将社会价值观灌输给个体，使个体迫使自己去抑制并放弃自发的欲望。这使得现在的许多成年人生活在面具后面，这是一个个体试图去呈现给他人和自己的人格面具。为了避免暴露个人的本性，所有的抱负和发自内心的欲望都受到严格的内在批判。这样的抱负和欲望会引起焦虑和懊悔，个体会压制想要实现它们的冲动。在牺牲了个人的抱负和欲望之后，个人得到的唯一补偿就是个体在得到被社会所定义的成功并得到社会承认后所获得的满足感。个体总是强烈希望获得社会的持续支持，以至于大部分的人一辈子所做的大部分努力就是为了美化他的面具。不断的成功是激励自己坚持参加这个化装舞会必不可少的条件。

　　这些成功必须是看得见、摸得着的，也能够帮助自己在社会经济阶层的阶梯中持续向上爬。如果他在往上爬的过程中失败了，不仅他的生活条件会变得更困难，他眼中的自我价值也会降低，继而可能影响他的心理和生理健康。即使物质条件允许，他也几乎不给自己时间去度假。这些行为和驱动力并不源自任何基本的生物需求，而是为了保证自己的面具毫无瑕疵和裂痕，避免让别人看见面具后的自己。其结果是，即使这些行动让他获得成功并得到了满足，但这种满足不是生物的满足，而只是表面的、外部的满足。

日复一日，个体慢慢地发觉社会对自己成功的认同应该也确实让自己获得生物满足。通常，个体已适应面具，他对于这个面具的认同变得如此完全，以至于他不再感受到任何生物冲动和满足。这最终会导致面具出现裂痕，家庭及性关系方面出现问题，而这样的问题常会被个体在社会上的成功所掩饰。事实上，相对于表面上的成功和面具的社会价值而言，私人生活和源自强烈生物冲动的满足一点也不重要。大部分人在面具后面过着令人满意的生活，这使他们能较不痛苦地去忍受生活中的空虚，这种空虚的感觉只有在自己停下来、倾听内心的声音时才能觉察到。

并不是每个人都能在自己的职业领域内获得社会认为的重要程度的成功，从而过着让自己满意的面具生活。有些人在年轻时没能找到合适的工作，无法得到足够的声望以维持他们的面具生活，这些人要么被认为懒惰，要么被认为是学习上缺乏毅力。他们尝试不同的事情，不断地换工作，总是认为下一个工作才是自己能够胜任的。这种对自己能力的信心给了他们足够的生物满足感，觉得每一次新尝试都是值得的。这些人并不比其他人缺少天分，也许他们的天分还比一般人高，但是他们已经养成了一种否定自己生物需求的习惯，直到他们无法再在任何活动中找到真正的兴趣。他们可能会突然接触某件事情并表现出比以往更久的兴趣，甚至达到了某种精通的程度。然而，这只是暂时给了他们一个职业，一个在社会上的立足点，证明他们对于自己的价值评估。同时，他们那缺乏确定性的自尊感会驱使他们在其他领域中寻求成功，说不定也可能出现滥交的情况。这种混乱的性关系类似于他们不断变化的工作——二者有着同样的机制，即相信自己天赋异禀。这些能力让他们感觉自我价值的提升，至少也可以给他们部分生物满足，并让自己觉得无论如何都值得去再试一试。

正如我们所见，自我教育并不是完全独立的，也会造成其他结构及功能上的冲突。因此，许多人发生消化、排泄、呼吸或骨骼结构方面的障碍。周期性地改善这些功能的紊乱会使得其他问题都得到改善，并在一段时间内增加活力，随后几乎每一次，都又会有一段健康和精神下降的时期。

显然，在决定一个人总体行为的三个因素中，唯有自我教育是服从自我意志的。问题是，自我教育服从于自我意志的程度，以及更重要的是，一个人可以以什么办法来帮助自己。有些人会选择找专家咨询的方法——在严重的情况下，这是最好的方式。然而，大部分人并不认为自己有这种需求，也没有这样做的意愿；还有，专家也不见得能有多大帮助。最终，自助是唯一的、每个人都可以采用的方法。

这种方法是困难的、复杂的，但对于认为自身需要改变和改善的个人而言，这又是切实可行的。但是，要开始这样的过程并有所进展，自己必须清楚理解几个要点，只有理解了这些，获得新的反应就不会太困难。

　　从一开始，便要充分意识到，学习过程是不规则的，是分步骤的，而且也会有起起伏伏。就像我们背一首诗的过程。一个人在某天学了一首诗，但是到了第二天，几乎什么都想不起来了。几天后，在没有任何进一步学习的情况下，突然间却可能都记起来了。即使他可以长达几个月不记得这首诗了，但只要经过短暂的复习，整首诗又会了然于心。因此，在任何时候，如果发现自己回到了原点，我们不必灰心，当我们继续学习下去，这些退步会变得越来越少，而且越来越容易回到不断进步的状态。

　　我们应进一步意识到，当自我变化发生时，新的、不可预知的困难也会出现。之前，无论是由于害怕还是痛苦，个体在自我意识中会拒绝承认这些困难，只有当自信提升之后，我们才会正视它们。

　　即使通常我们不会清晰地意识到，但大多数人都会偶尔尝试提高和纠正自己。一般人都会对自己的成就感到满意，认为除了需要一些体育运动来改善一些明显的问题外，他什么也不需要做。事实上，引言中所说的每一件事，便是针对这种一般人。也就是说，针对那些认为这些内容与自己毫不相干的人。

　　当人们想要让自己变得更好时，我们可以在每个人身上发现不同的发展阶段。每一个进步便代表更进一步的改善需要更为精细。在本书中，我详细概述了这条改善之路是如何起步的，从而使读者能够在自己力量的主导下更进一步。

自我意象

个人行为的动力学

我们每个人都以不同的方式说话、做动作、思考和感觉，这些均依据我们自己多年来所建立起来的自我意象。为了改变我们的行为模式，我们必须改变自我意象。当然，这涉及我们反应的动力学变化，而不只是用一个行为来取代另一个行为。这样的改变，不仅涉及自我意象的改变，还包括动机本质的改变，以及身体所有相关部位的活动。

这些变化会使得每个人在进行相似行为的方式上表现出明显的不同，例如笔迹和发音。

行为的四个构成要素

我们的自我意象有四个构成要素：动作（movement）、感觉（sensation）、感受（feeling，注：与情绪有关的）及思考（thought），且这四个要素和每个行为都密切相关。每个要素对任何特定行为的贡献各不相同，正如执行行为的人各不相同。但在每个行为中，每项要素或多或少都会有所体现，只是程度不同而已。

例如，为了思考，人必须是清醒的，而且必须知道自己是清醒的，没有在做梦。也就是说，他必须要感觉到和辨识出自己在重力场中的身体姿势。由此可知，动作、感觉和感受也与思考有关。

为了能感受到愤怒或快乐，人必须处于某种特定的姿势，并且与其他人或物体有某种关系。也就是说，在感受时，他必须动作、感觉和思考。

为了要感觉——看、听或触摸——他必须感到有兴趣、被吓到或觉察到。也就是说，他必须动作、感受和思考。

为了要做动作，他至少必须在无论是有意识的或是无意识的情况下使用一种感官感觉，并且还涉及感受和思考。

当这些动作要素之一变得相当微小，甚或几乎消失时，生存本身可能会受到威胁。如果根本没有任何动作，即使是很短暂的一段时间，我们都很难存活。如果生命体被剥夺了所有的感官感觉，生命就不复存在。没有感受，便没有活下去的动力，是窒息的感觉驱使我们呼吸。若连起码的反射思维都没有的话，即使甲壳虫也活不了太久。

将获得的改变逐渐固化为习惯

实际上，我们的自我意象从来都不会静态不变。自我意象随着行为而改变，但是这些获得的变化会逐渐成为习惯。也就是说，行为所呈现的是一种固定的、不变的特性。

在生命早期，当自我意象刚被建立时，它改变的速率极快，前一天还超出孩子能力范围的新行为，第二天，他就会了。例如，在婴儿出生几周后，便开始能看；有一天他开始站立、行走和说话。孩子自己的经验和他的生物遗传慢慢地结合，创造出属于他自己的独有方式，去执行站立、行走、说话、感受、听和执行一切赋予其人类生活实质的行为。如果跳出来看，会发现一个人的生活与其他人的生活其实很相似，但若仔细观察，则会发现完全不同。因此，话说回来，在沟通时，我们就必须挑选和使用同那些大致相同、普遍适用的字词和概念。

自我意象如何形成

在此我们仅详细地检视与自我意象有关的运动部分。本能、感受与思考这三者均与行为有联系，对于自我意象的形成的作用反映了它们与行为之间的联系。

刺激大脑运动皮质中的某些细胞会激活（动员）特定的肌肉。目前大家都已经知道，大脑皮质细胞和它们所激活（动员）的肌肉之间的对应关系既不是绝对的，也不是排他性的。尽管如此，我们仍然可以根据足够的实验证明进行假设，至少在基本的初级的动作中，特定细胞确实会激活（动员）某些特定的肌肉。

社会与个体行为

新生儿不能做成年人在人类社会中所进行的任何社会性行为，但他几乎可以做成人身为个体所能做的每件事。他能呼吸、进食、消化、排泄，他的身体能够组织起来进行所有的生物和生理过程，除了性行为——或许我们可以将性视为成年人的社会活动，因为这是发生在两个人之间的事。在最初，性行为仍局限于个体的范围。现在人们普遍认为，成人的性发展是从早期的自体性行为发展而来的。这样的论点解释了"性能力方面的无能就是因为自体性行为向完全的社会性行为发展的失败"。

与外部世界的联系

婴儿与外部世界的联系主要是通过嘴唇和口腔建立的。通过嘴唇和口腔，他认识了母亲。他用双手摸索和协助他的嘴唇和口腔的工作，并通过触摸去认识他通过嘴唇和口腔已经知道的事物。从这开始，他会逐渐探索自己身体的其他部分，以及它们彼此间的关系，并通过它们形成了距离和体积的初步概念。婴儿对于时间的发现，始于呼吸和吞咽过程的协调，呼吸与吞咽都与嘴唇、口腔、下巴、鼻孔和周围区域的动作有关。

运动皮质上的自我意象

如果我们在一个月大的婴儿大脑运动皮质表面涂上颜色，用颜色标记出哪些细胞会依据自己正在发展的意志去激活（动员）肌肉，我们就可以得到一个类似他身体的轮廓。但这个轮廓只代表了随意动作的区域，而非身体各部位的解剖排列。例如，我们应该看到嘴唇和口腔占据了大部分有颜色的区域。抗重力肌肉——那些打开关节，让身体直立的肌肉——还未受控于自主（随意）控制；手部的肌肉也是偶尔会回应随意控制。我们会得到一个功能性的意象，在这个人体意象中，表示四肢的是四条细线，代表躯干的也是一个短而细的线，但嘴唇和口腔则占据了大部分意象。

新功能会改变意象

对一个已经学会行走和书写的小孩，如果我们为受自主（随意）神经控制去激活（动员）肌肉的脑细胞涂上颜色，我们会发现相当不同的功能意象。嘴唇和口腔同样会占据大部分的空间，因为语言功能涉及舌、口腔和嘴唇，这都会被添加到先前的意象中。然而，另一大块颜色会变得很显眼——即激活拇指的细胞区域。并且，激活右拇指的细胞区域明显大于激活左拇指的区域。只要用手来执行动作，拇指几乎都会参与，尤其是书写。代表拇指的区域，将比代表其他手指的区域大。

每一个体运动皮质上的肌肉意象都是独一无二的

如果我们每隔几年便进行一次这种涂色，不仅每次结果都不同，而且个体与个体之间也有明显差异。在一个还没有学会书写的人的大脑皮质，代表拇指的颜色块仍然很小，因为本应参与到书写动作的那部分细胞仍处于未使用的状态。与那些没有学习乐器的人相比，学习乐器者代表中指的颜色区域更大。对会讲几种语言或唱歌的人来讲，负责控制呼吸、舌头、口腔等肌肉动员的细胞区域会较大。

肌肉意象的实证依据

在许多实验中，生理学家已发现，至少在基本动作中，大脑运动皮质细胞会形成一种类似于人体形状的图像，他们称之为"脑中小人图"（homunculus）。这样，"自我意象"的概念至少在基本动作方面就有了实证依据。至于感觉、感受和思考方面，我们没有相似的实验证据。

我们的自我意象小于我们的潜能

基于我们实际上使用的那些细胞群组成，我们的自我意象远远没有达到它本身可以达到的最大程度。此外，细胞的各种模式和组合可能比它们的实际数量更重要。精通多种语言的人可以同时利用更多的细胞和更多的细胞组合。全世界少数民族社区的大多数儿童至少懂得两种语言，他们的自我意象比那些只懂一种语言的人更接近潜在的最大程度。

以上情况在大多数活动领域也是如此。我们的自我意象通常小于我们的潜能。有些人能懂 30~70 种语言。这表明一般人的自我意象只占其潜能的 5%。经过对来自不同国家及不同文明社会的数千人的系统性观察和接触，我确信我们只用到了全部潜能中的一小部分。

实现基本 / 当务之急的目标会有负面影响

实现基本 / 当务之急目标对于学习会有负面影响：当我们掌握了足够的技能，实现了我们当务之急的目标后，我们通常会停止学习。例如，我们会一直提高自己说话的能力，直到自己可以被人理解。任何有心练就演员般口齿的人都会发现，他必须投入数年的努力才能达到自己能力的极限。限制自身能力提高的因素错综复杂，人们习惯于只发挥自己潜能的 5%，并且自己还没有意识到自己的提高受到了限制。个人的发育与成长，以及成长环境的社会文化与经济两者之间固有的、相互依赖的关系，是使情况变得更为复杂的重要原因。

教育大幅度受限于主流环境

没有人知道生活的目的是什么，而代代相传的教育，只不过是过去世代主流惯性思维习惯的延续。自从有人类以来，生活便是严酷的考验，大自然丝毫不会善待那些缺乏觉察的生物。你也无法忽视过去几世纪以来，地球上数以百万计人的生存所累积下来的社会困境。在这样充满压力的条件下，教育的发展只是为了要让新一代达到这样一种程度：是为了能在大致相似的条件下用新的一代去替代老一代。

个体最低限制的发展就能满足社会需要

任何生物体都具有最大限度地生长和发展的基本生物学倾向，而这种倾向受限于社会与经济变革。社会和经济变革改善了大部分人的生活条件，并让他们得到最低程度的发展。

当年轻人的发展还处于最低限制时，由于社会已经认为他们是有用的一员，年轻一代的基本潜能可能在青春期早期就停止了。事实上，青春期之后的训练仅限于让他们在某一领域获得实用性或专业性的知识，只有在某些特殊的情况下，有些人会获得继续发展的机会。唯有那些不平凡之人，他们会继续发展自我意象，直到接近个人具有的天赋潜能。

"不完全发展"和"成就满足"的恶性循环

很明显，大多数人只用到自己极小部分的潜能。那些超越了大部分人的一小部分人群，不是因为他们有更大的潜能，而是因为他们学会使用更大比例的潜能，他们的潜能不见得比一般人更大。当然，我们也知道，每个人的潜能都不是一样的。

存在这样的一种奇怪的情况：某种东西限制一个人能力的提高，但同时却也会让一个人自我满足于只发挥自己能力的一小部分。这是一种恶性循环，它是怎么形成的呢？

阻碍发展的生理过程

在生命的头几年里，就和其他的生物一样，人会运用自身具有的所有相互独立的能力，使用已充分发展的每一种功能。如同所有生物活细胞，人类的身体细胞会力求成长并表现它们的特定功能。这同样适用于神经系统的细胞，每一个细胞有自己的生命，细胞也会为了自己的存活参与生物功能的运作。

然而，作为生物体的一部分，很多细胞却保持"不活跃"的状态。这可能是因为以下两种不同的过程：一方面，生物体在进行某些行为时可能需要抑制某些细胞，只动员那些有必要动员的细胞。如果身体或多或少、持续不断地进行这种行为，那么很多细胞几乎将长时间处于抑制状态。另一方面，某些潜在功能可能根本没有达到成熟。生物体可能没有想去执行这些功能，或者是认为这些功能没有价值，再或是因为这些功能与生物体行为目标不一致。

这两个过程都是常见的。事实上，社会条件也允许一个生物体作为有用的社会成员在其中发挥作用，而不必完全充分地发挥其潜力。

依据个人的社会价值进行自我评判

"人"是构成社会的基本"原材料"，然而当今社会的发展逐渐出现一种不尊重，甚至忽视"人"的倾向。错误不在于目标本身，因为这些目标大致上都是有建设性的，问题在于，无论对错，个人都倾向于将自我意象与自己的社会价值绑定在一起。即使他们已经不再需要被教育、被保护，但从一开始就形成的模式仍会起作用，他们也不会试着摆脱那些模式。依据这种模式，组成社会的人在方法、行为、目标等方面趋向于一致。尽管人与人之间的先天差异是显而易见的，但很少有人在看自己时，会不考虑社会对他们的价值评判。就像把一根方形的钉子放在圆孔中一样，个人会试着放弃自己的内在需求，磨平自己的生物独特性。因为一旦失败，他在自己眼中的价值就会贬低，也会丧失努力向上的动力，因此他努力地让自己能够适应那个圆孔。个人必须认识到自己的态度对自己的深刻影响，才能再追求个人的成长——允许自己的特质进一步发展成熟。

以成就来评价孩子的方式会剥夺他的自发性

孩子在生命最初的几年里倍受珍重，总的来说不是因为他的成就，而是因为他是个孩子。在这样的家庭中成长，孩子会按照他自己的独特能力来发展。

在主要以成就来评价孩子的家庭中，孩子们所有的自发性都会在幼年时消失。这些孩子在"缺失青春期"的情况下就已长大成人。在成年后，他们会经常无意识地怀念自己错过的青春期，渴望寻找自己那些天生的但却在年少时被压抑的能力。

自我改善与自我价值认知有关

需要我们明白的重要一点是，如果一个人想改善他的自我意象，他首先必须学会把自己当作一个独立个体，即使他认为自己作为社会成员的缺点似乎超过了他的特质。

我们可以从出生或童年就残障的人那里学习到，面对明显的缺陷，一个人要如何看待自己。那些能够带着充分的、全面包容的人生来对待自己、且有着稳定自尊的人，他们可以达到正常健康人永远也达不到的高度。

但那些因残障而看轻自己，并用纯粹的意志力克服困难的人，在长大成人后，可能会报复身边没有过错的人，并且对外充满了怨恨。通常即使他想改变，却也很难改变这样的处境。

行动是促进自我改善的关键

在自我改善开始时，认识到自己的价值非常重要，但要实现任何真正的进步，对自我的尊重必须退居第二位。除非进入另一个阶段，在这个阶段里，自尊不再是主要的驱动力，否则任何改进都不足以满足这个人。事实上，随着一个人的成长和进步，他整个存在的中心会逐渐集中在"做什么"和"如何做"，至于是"谁"做的，则变得越来越不重要。

改变早期行为模式的困难

事实上，一个人的自我意象是自己经历的结果，但人们却往往认为自我意象是天生的。一个人的外貌、声音、思维方式、环境、与时间和空间的关系都是随机选择的，但我们通常会认为它们是与生俱来的。每个人在与他人以及社会的关系中，每一项要素都是广泛训练的结果。走路、说话、阅读、辨识照片中三个维度的技能均是个体多年的积累，每一样技能都取决于机遇、他出生的地点与时间。第二语言的习得不如第一语言容易，新学习的语言的发音会受到第一语言的影响，第一语言的句子结构也会被应用于第二语言。每一种被完全接受的行为模式都会干扰后续的行为模式。

例如，当一个人要学着使用非本地区习惯使用的坐姿时，他就会遇到困难。因为他习惯采用的坐姿不单是遗传的结果，而是由他的出生地和环境等因素共同决定。他所遇到的困难不是因为新习惯本身有什么问题，而是在寻求改变时新习惯会受已经建立的行为模式对于身体、感受、心理的影响。在改变任何习惯时，几乎都会发生这样的情形，无论这些习惯是如何养成的。当然，这里的意思不是简单地用一个行为替代另一个行为，而是改变行为的模式，以及整个行为动力学，从而让新方法的使用在各个方面都和旧的一样好。

身体的许多部位都没有被觉察

若让一个人躺下，试着系统地去觉察自己的整个身体——也就是，依次将他的注意力放在四肢和身体的每个部分——他会发现，有些部位很容易感受到，有些部位则觉察不到。

通常我们很容易感觉到指尖或嘴唇，却很难感觉到头后面、两耳间的部位。当然，根据自我意象之不同，困难程度会因人而异。一般来说，我们很难找到一个人，他能对全身每个部位都有同样的觉察程度。身体中容易被觉察到的，是那些我们每天都会用到的部分。那些不易觉察到的则在日常生活中只起到间接的作用。当我们行动时，它们几乎不在我们的自我意象之内。

一个根本不会唱歌的人，在他的自我意象中无法感受到这种功能的存在，除非此人有能力进行理性的推断。他不会像歌手一样，意识到口腔内的空间和耳朵或呼吸之间有什么重要联系。一个不能跳的人不会觉察到在跳跃时会涉及身体的哪些部位，但会跳的人对这些部位是非常清楚的。

完整的自我意象是一种罕见且理想的状态

完整的自我意象，包括对于骨架结构中所有关节及整个身体表面、背部两侧、两腿间等部位的完全觉察，这是一种理想状态，所以，也是一种难得一见的状态。我们都可以自我验证，我们所有的行为在自我意象的范围内，而这个意象不过是理想意象中的一小部分。随着姿势的变化、活动方式的变化，我们也很容易观察到自我意象的不同部分之间的关系。但由于我们对此过于熟悉，在一般的情形下我们很难观察到。但是，例如为了觉察双腿，我们可以使用不熟悉的姿势，从而在不同的动作时觉察双腿的长度、厚度以及其他方面。

不同肢体所估算的尺寸会有不同

例如，如果我们试着闭上双眼，分别用右手拇指和示指，或两手的示指来分别比出嘴的长度时会得到两种不同的结果。这两种测量方法所得到的结果都不会与嘴的实际长度相吻合——要么太长，要么太短。如果我们试着闭上眼睛，第一次采用双手水平放置的方式，第二次采用双手垂直放置的方式来比画出胸腔的厚度。你会发现，我们会给出两个相差较大的尺寸，而这两个尺寸均与实际尺寸不相符。

闭上双眼，双臂向身前伸展，大约与肩膀同宽，然后，想象有一束光线从右手示指照向左眼，另一束光线从左手示指照向右眼。想象这两束光线的交叉点，现在试着用右手拇指和示指来捏住这个交叉点。当睁开眼实际观察的时候，你会发现捏住的那个点基本不太可能是正确的交叉点。

很少有人的自我意象是足够完整的，几乎没有人在进行这个测试时能捏住正确的交叉点。此外，如果试着用左手的拇指和示指重来一次，那么你找到的交叉点可能在另一个位置。

平均值远未达到的最好程度

在做不熟悉的动作时，我们很容易就会发现我们自认为完整、精确的自我意象，其实并非如此。我们的形象是通过熟悉的动作形成的，在此过程中，通过发挥多种感觉的作用来相互修正，使自我意象接近于真实的状态。因此，相较于身体后侧、头顶等眼睛不可见的部位，我们对眼睛前面的部位的意象会更准确。此外，我们对于熟悉的姿势的自我意象也会更准确，如坐姿和站姿。

如果用眼睛看和闭上眼睛想象两者之间所估算的值与姿势的差异误差不超过 20% 或 30% 的话，这样的精确度已达到平均水平——尽管还差强人意。

个体根据自身的主观意象行动

意象与现实之间的差异可能有 300%，甚至更多。有些人习惯于将胸腔维持在一种姿势，他们好像在用夸张的方式把肺里的空气往外呼，胸腔比应有的情况更平，以至于不能有效地发挥其功能。这种情况下，他们闭上眼睛比画出的胸腔厚度可能几倍于实际厚度。对于他们来讲，过于平的胸腔是理所当然的，因为增厚胸腔显然就意味着需要过度地扩张肺部。在他们的感觉里，正确的扩张就好像是刻意地要做把胸腔张开的动作一样。

一个人的肩膀、头部及腹部的姿势，以及声音和腔调，他的稳定性和展现出来的姿态，所有这些都是基于他的自我意象。但是为了使其符合自身希望呈现给别人的那个面具，自我意象可能被夸大或可能被削弱。只有这个人自己才知道，自我呈现给他人的哪一部分是真的，哪些是假的。然而，也不是每个人都能轻易地看清自己，有些人可能要借助他人的帮助才能认清自己。

系统性地完善自我意象比纠正单一行为更有效

从上述有关自我意象的讨论中，我们可以了解到：系统地完善自我意象是一种更快、更有效的方法。若仅采用纠正行为模式中的单一行为和错误的方式，则在我们处理较小的错误时，错误的发生率会增加。首先建立一个或多或少完整的自我意象，哪怕只是近似完整的自我意象，也会提高整体动力学特征——这种方式与单独、琐碎地处理单一行为不同。想象一下给乐器调音的过程，你也许就明白其中的道理了。改善自我意象的一般动力学就像是要对钢琴进行调音一样，在调好音的乐器上弹奏要比在走音的乐器上更容易。

发展阶段

第一阶段：自然发展

　　人类所有的活动可分为三个连续的发展阶段。孩子们说话、走路、打斗、跳舞，然后休息。史前人类也说话、走路、奔跑、打斗、跳舞，然后休息。起初，这些事情是"自然"发生的，也就是说，跟动物一样为了存活而去做所有必要做的事情。虽然对人类而言这些是自然而然的，但这一切绝不简单。即使是最简单的人类活动，也与鸽子能飞越千里回窝、蜜蜂能筑巢一样充满奥秘。

自然活动是人类的共同遗产

　　就像鸽子和蜜蜂一样，每个人也都以相似的方式进行自然的活动。世界上有许多部落，甚至是孤岛上与世隔绝的族群，他们自然地学会了说话，也能进行奔跑、跳跃、打斗、穿衣服、游泳、跳舞、缝纫、编织、制造皮革、制作篮子等诸如此类的事。

但是，在一些地方，这些自然活动有了发展和扩展；在另一些地方，刚好无改变地保留了自古以来最初的形态。

第二阶段：个别发展

在有新发展的时代和地方，我们通常会发现一个特殊的、个体化的阶段。也就是说，某些人找到了他们自己的、特殊的方式来进行自然的活动。一个人可能已经找到了自己独特的表达方式，一种特殊的跑步方式，一种编织或制作篮子的不同方式，或者其他一些不同于自然方式的其他方法。当这些个人独有的方法被证明有明显的优点时，其他人也往往会跟着采用这种方法。通过这种方式，澳洲原著民发展出丢掷回飞镖的技能，瑞士人学会"约德尔唱腔"（注：一种真假音快速反复变换的唱腔），日本人创造了柔道，中国南海岛民在游泳时学会了自由泳的方法。这些都是第二阶段。

第三阶段：方法和专业

除了任何个体所采用的方式外，当某一特定的程序可以用于不同的用途之后，有些人就会看到这一程序本身的价值。他会在个人行为中找到一些共同点，并对程序加以定义。在第三个阶段，我们会使用特定的方法执行程序——这些方法是知识的应用，而非自然发生的。

如果我们研究文明世界不同地区各种行业的历史，我们几乎可以毫无例外地区分出这三个阶段。在人类文明曙光初露之时，人们自然而然便创造出了让人赞叹的图画。达·芬奇将透视画法的基本原理运用在自己的绘画过程中，然而一直到 19 世纪，才由法国数学家蒙日（Monge）完整定义了透视法。于是，自那时起每一所艺术学校都会教授这个原理。

习得的方法取代自然实践

我们可以观察到，自然实践是如何逐渐被习得的方法，即所谓"专业"的方法所取代。我们也观察到，社会通常不允许个体使用自然的方法，不仅如此，个人在参加工作之前，社会会要求他们去学习已经被普遍接受的方法。

例如，孩子的出生曾经是一个自然的过程，女性知道在需要的时候如何互相帮助。但是，当助产术成为一种被接受的方法，助产士有了职业资格后，普通妇女就不再有资格帮助分娩中的其他女性了。

今天，我们可以看到这个持续发展的过程，有意识地建构的后天学习系统正取代个体的、直觉的方法。那些本来都是自然执行的行为，现在只能由拥有专业技能的人士去做。仅仅在一百年前，人们还能以自然的方式去处理精神病。家庭管理正变成一种职业，装修已经成为室内设计师的生意。同样的事情也发生在许多其他活动领域，包括数学、歌唱、表演、战争、计划、思考，以及类似的领域，它们开始是自然的行为，并通过个人的改进，继而成为体系和专业。

行为越简单，发展越迟缓

观察和研究表明，在自然方式中越简单、越平常的动作，进入系统化第三个阶段的时间越晚。地毯编织、几何学、哲学和数学等在几千年前就形成了公认的方法。行走、站立，以及其他基本活动，直到今天才进展到第三个阶段，或者说，系统化的阶段。

在我们的一生中，我们的某些活动会经历这三个阶段，其他大部分的活动可能只经历了第一个阶段，或是前两个阶段。每个人都出生在某个特定的时空背景，然后在特定的社会中成长，并在这个社会中进行处于不同的发展阶段的各种活动，有些处于第一阶段，有些是第二阶段，有些是第三阶段。

阶段难以定义

每个人都会调整自己，以适应身处的时代。就某些活动而言，自然的方法是个人成就的极限，也是社会成就的极限。在其他一些活动中，个人会被期望达到第二阶段，甚至还有许多活动会被期望达到第三阶段。由于过程的模糊性，这种调整有明显的困难。在许多情况下，我们很难决定是否从零开始使用自然的方法，或是学习系统化的方法。

因此，许多不会唱歌或跳舞的人会辩解自己从来没有学过如何做这些事情。但也有很多人，他们自然而然地就会唱歌跳舞，他们也认为那些受过训练的歌手或舞者并不比他们知道得更多，除非这些受过训练的人也具有自然天赋。有许多人不会打鼓、跳高、跳远、吹长笛、画画、拼图，他们也从来不去学习除了自己早期用自然方法习得的其他活动。现在，他们甚至不敢尝试学习这些技艺，因为当今社会上已经有了公认的方法。

在他们眼中，系统的力量非常强大，以至于连小时候他们学过的一点这方面的技艺，也逐渐从自我意象中抹去。因为他们的自我意象已经被那些经由系统的、有意识习得的活动占据了。虽然这些人对社会很有用，但他们缺乏自发性，而且在自己的专业和习得而来的领域之外生活时会遇到困难。

因此，我们需要回头检视和改善自我意象，这样我们就可以按照自己的自然本性和天赋生活，而不是按照由于偶发以及或多或少并不自知的情况下所建立起来的自我意象生活。

第三阶段可能出现的问题

行为进入系统化的阶段并不全是好的。它的主要不足之处在于，许多人甚至不会尝试去做专业化的事，结果导致他们从一开始就放弃了原来自己力所可及的前两个阶段的活动。

然而，系统化阶段也是非常重要的，它让我们以符合个人内在需求的方式行事，而这种行事的方式或许是我们用自然的方式不会发现的。因为环境和外部的影响会将我们引导至其他方向，以至于我们无法持续进步。系统化的学习和觉察为我们提供了一种检视所有行为领域的方法。这样，我们才能找到属于自己的空间，一个可以自由行动和呼吸的空间。

从何处着手，如何开始

自我完善的方法

无论是通过别人指导或是通过自己的努力，人一辈子都会面临完善自我这一命题。世界上存在很多为此目的而设计的方法体系：为了达到自我完善的目标，各种宗教都提出了人们应该遵循的行为方式；不同的行为分析体系，也都希望帮助人们从自己根深蒂固的强迫行为中解放出来。中国西藏、印度和日本广为践行的密宗在人类历史上所有时期都有人实践，并对犹太教也有影响。虽然初看并非如此，但禅宗和胜王瑜伽（Raja Yogo）对犹太教的支派卡巴拉（Cabalists，神秘主义信徒、秘法师）、哈西德（Hassidim，虔敬派）和较不为人知的穆沙运动（Mussar，道德主义者）都有较大的影响。

目前，暗示和催眠（无论是针对多人或个人）方法非常普遍。在全世界范围内至少有 50 种类似的方法，而这些方法对使用它的人来说，就是他们所认定的"那个"方法。

人类的存在状态

通常我们可以将人类的存在状态分为两种：清醒状态和睡眠状态。但是，我们还要给出第三种状态：觉察状态。在这种状态中，清醒着的个体能确切地知道自己在做什么，就如同有时我们醒来时，知道自己睡觉时梦见了什么一样。例如，一个 40 岁的男人，在背部疼痛后接受 X 线检查，并在医生诊断后才会觉察到自己的一条腿比另一条腿短。这可能是因为一般情况下，与觉察的状态相比，清醒状态更接近睡眠状态。

一般认为，在睡眠状态时诱导个人进行自我完善较为容易。库埃 (Coué) 就是在人刚刚入睡的时刻进行自我暗示，同时也在睡眠中给予暗示。在催眠时，为了让被催眠者更容易接受暗示，他需要进入局部或深度睡眠状态。某些现代方法中，就如同进行暗示一样，人们运用睡眠来教授数学或语言。

若学习的过程包括重复和解释的话，清醒状态似乎是较好的状态。在清醒状态下获得的习惯难以改变，但这些获得的新习惯对于新事物的掌握影响较小。

清醒状态的组成要素

清醒状态由四个要素所组成：感觉、感受、思考和动作。这四个要素都是构成完整的自我完善的方法的基础。

就"感觉"而言，除了人们所熟悉的五种感官知觉外，还包括动觉（kinesthetic sense）。动觉包括疼痛、空间定位、时间的流逝以及节奏感。

就"感受"而言，除了人们所熟悉的情绪，如愉悦、悲伤、愤怒等，还包括自尊、自卑、极度敏感，以及其他使我们生活充满色彩的有意识和无意识的情绪。

就"思考"而言，包括智力的所有功能，例如左与右、好与坏、对与错的对立；理解、心意相通、事物归类、规则认知、想象，感知；记得上述所有的一切，等等。

就"动作"而言，包括全身和身体部位的状态和结构上在时间和空间上的变化，例如呼吸、进食、讲话、血液循环和消化等。

只有在抽象分析时，才能将四个要素分开来谈

只有在语言表达时，我们才能将这四个要素中的某一个抽离出来。在我们处于现实中清醒状态的第一刻，人们所有的能力都是一起共同起作用的。

例如，你回忆某件事、某个人或某个风景时，你不可能不用到以下各种感觉中的一种：视觉、听觉或味觉。据此，你可以体验当时的自我意象，例如你的姿势、年龄、外貌、行动，或愉快或悲伤的感受。

由于四个要素之间存在相互作用的关系，因此，如果我们对四个要素中的某一项要素加以深入的关注则都会影响其他因素，进而影响整个人的自我意象。在现实中，若要完善自我，唯有在部分和整体之间轮流交替，逐步地提升，此外没有其他更切实的方法。

不同方法体系在理论上的差异大过在实践上的差异

尽管各种自我完善的方法体系声称自己各有不同，但它们在

实践操作层面并没有太大的差异。或明确或隐晦难见，大多数的体系都建立在假定人的先天习性都可以改变的基础上，如我们的先天习性或倾向可以被消除、被控制或被抑制。所有主张人有固定特质的方法体系都认为每个人的品质、特性和天赋就像是建筑物中的砖头一样，并认为，有些建筑物可能少了一块砖头或某一块砖头存在缺损。

如果一个人想要通过这些体系来帮助自己，得付出多年的努力，甚至有些体系会要求他们奉献自己的一生。

改善过程，而非改善特性

这种静态的方法将自我完善变成了一个漫长和复杂的过程。我认为，这种方法体系是建立在错误的假设基础上的。因为，我们不可能修复人体结构中有缺陷的砖块，也不可能去补上失落的砖块。人的生命是一个持续不断发展的过程，我们需要改善的是过程的质量，而不是个人的特性或性情。

很多因素影响自我完善的过程，我们必须整合这些因素，从而让自我完善的过程更顺畅，且可以自我调整。我们越清楚理解整个过程的基础原理，自我完善的成效就越大。

错误有助于我们的自我完善

在任何复杂的过程中，其中的偏差都可以帮助我们修正过程的进展。同理，人类的自我完善过程中，我们不应禁止、忽视、用任何外力去压制错误和偏差，反而要利用它们将自我完善引导到正确的方向。

用动作进行自我完善是最好的方法

如前文所述，清醒状态的四要素中的任何一个都会影响其他三个要素。在自我完善的过程中，选择动作这一要素有以下几个原因。

1．动作是神经系统主要功能的体现

动作是神经系统主要功能的体现之一。如果大脑没有启动一系列复杂的、多种作用的动作，从而支持身体对抗地心引力的话，我们就不能感觉、感受和思考。同时，我们需要知道自己身处何地、处于什么样的姿势。为了要知道我们在重力场中相对于其他物体的姿势或要改变我们的姿势，我们就必须用到感觉、感受，以及思考能力。

对于任何一种方法体系，在清醒状态下让整个神经系统积极参与，都是自我完善方法的重要一部分。即使对于那些声称只关注人体在清醒状态下的四要素之一的方法体系也是一样。

2．更容易辨识动作质量

相对于其他要素，我们更清楚地和确定地了解身体如何组织以应对重力。我们对于动作的了解多过于对生气、爱、嫉妒甚或思考的了解。与辨识其他要素的质量相比，学习去辨识动作的质量更为容易。

3．动作经验更丰富

与感受和思考相比，我们对动作有更多的经验和能力。许多人分辨不出过度兴奋和过敏之间的不同，并认为高度

发展的敏感性是一种不足。他们压抑任何让人感觉困扰的感受，避开可能唤起这种感受的情境。同样地，许多人也会抑制或打断自己的思考。

思考的自由被认为是对普遍接受的行为准则的挑战。不仅在宗教上如此，在对待民族关系、经济、道德、性、艺术、政治，甚至科学等事务上均是如此。

4．动作能力对自我评价很重要

对自我意象而言，人的体格和动作能力比其他任何事物都更重要。只要观察某些嘴或外表的某些部位有缺陷的孩子，我们就会明白，当他发现自己的外表似乎与其他人不一样时，这样的发现就会极大地影响他的行为。例如，如果他的脊柱发育不正常，他就会在做需要高度平衡感的动作时遇到困难。这样的孩子很容易跌倒，并需要持续有意识地努力才能做出其他孩子自然而然就能完成的动作。这样的孩子的成长与其他孩子是不同的，他会发现自己在做动作前需要思考和准备，也不能依靠自发的反应。动作方面的困难破坏和扭曲了他的自尊，迫使他做出一些对自己天生倾向发展有不良影响的行为。

5．所有的肌肉活动都是动作

每一个动作都来源于肌肉活动。看、说，甚至是听，都需要肌肉动作。就听觉而言，为了能听到，肌肉需要根据感知到的声音大小来调节耳膜张力。在每个动作中，不仅需要机械力学上的协调，时间和空间上的精确度同样重要，而且强度也很重要。肌肉持久松弛会让动作变得迟缓无力，而长期过度紧张会使动作不流畅、笨拙。这两种肌肉收缩的状态不仅清楚地表明了个体的心理状态，也与个体的动机有关系。

因此，对于精神病患者、神经质的人，或是那些自我意象不稳定的人，我们可以辨识出与他们的缺陷相对应的肌肉张力（muscular tonus）失调的影响。然而，其他的动作特征，如在时间与空间上的节奏与调节，却可能是令人满意的。即使一个没有任何经验的一般观察者在大街上遇到一个人时，也可以从那个人的动作的强度与控制、面部表情上辨识出此人是否出了什么问题。

6. 动作反映神经系统的状态

肌肉收缩是来自神经系统一系列持续冲动的结果。基于这个原因，直立姿势、面部表情和发音时的肌肉模式都反映了神经系统的状态。显然，神经系统的状态若没有发生变化，姿势、表情和声音就不会发生改变。神经系统启动了外显的、可见的变化。

因此，当我们提及肌肉运动时，我们实际上表达的意思就是神经冲动动员了肌肉，没有神经冲动的指令，肌肉无法发挥作用。在胚胎时期，虽然心脏在控制它的神经尚未发育完全之前便已开始收缩，但也要等到控制心肌的神经系统发育到可以自行调节跳动时，心肌才会以我们熟悉的方式工作。由此，我们可得到乍看之下似乎矛盾的结论：只有在大脑和神经系统先发生改变之后，动作和行动才会改善。也就是说，动作的改善反映了中枢控制的改变，因为控制中枢是最高指挥中心。中枢控制的改变就是神经系统的改变。这些脑内的变化并非是凭眼睛可以看到的，因此有些人会认为外显的表现纯粹是心智的反映，而另一些人则认为这纯粹是身体上的变化。

7. 动作是觉察的基础

直到讯息传达到肌肉之前，我们身体内部的动作大部分是隐蔽的且难以察觉的。当我们的面部、心脏或呼吸器官的肌肉组织形成某种模式，也就是我们所知的恐惧、焦虑、开怀大笑或其他任何感受，我们就会知道在体内发生了什么。尽管只需要很短的时间组织肌肉就可以表达内在的反应或感受，但我们都知道在别人能注意到之前，我们可以抑制自己不要笑出来。同样地，我们也能不显露出其他的表情，如恐惧和其他感受。

直到我们觉察到姿势、稳定性和态度有所变化，否则我们不会觉察到自己的中枢神经系统正在发生什么。因为我们比较容易感受到这些变化，但较难感受到肌肉本身的变化。由于相对于大脑中处理人类与动物共有功能的那些部位的运转速度快于大脑中处理人类特有功能的那些部位运转速度，因此，人类可以抑制肌肉表露所有的表情。正是由于这些过程较慢，所以人类有时间去判断和决定要不要收缩肌肉。由于整个系统会自我排序，因此肌肉会接受指令并准备执行动作或抑制动作的发生。

一旦我们能够觉察到组织表情的方式，我们有时便能辨识是什么启动了刺激。换言之，当我们能充分觉察到与动作相关的身体肌肉是如何组织起来后，我们便能辨识诱发动作的刺激因素或产生反应的原因。有时，我们会觉察到心里发生了一些事，却无法准确定义它是什么。在这种情况下，一种新的组织模式正在发生，而我们还不知道如何解释它。当它重复发生了几次后，我们就会熟悉这种模式；我们将可以认识到它的起因，并感觉到这个过程的最初迹象。在某些情况下，这种经验在被辨识之前必须重复多次。最终，我们基本上就可以主要透过肌肉来觉察到大部分内在发生的事情。而这些内在的讯息，有一小部分是通过表层传递给我们的。表层在这里是指包裹整个身体的皮肤、消化道内膜和呼吸器官的内外膜，以及嘴、鼻和肛门这三个部位内部的表层。

8. 呼吸是动作

呼吸反映了我们的情绪、身体的用力以及每一次遇到的困扰；呼吸也对身体的非自主过程（如消化、生长、营养系统）有很敏锐的反应。例如，甲状腺功能紊乱会引起特殊的呼吸类型，医生可以通过这种呼吸类型诊断疾病。任何强烈的突发刺激都会造成呼吸暂停。每一次在感受到发生变化或有强烈的情绪预期时，呼吸都会发生变化，想必每个人都有这样的经验。

纵观人类历史，我们发现世界上有许多不同的方法体系，它们提供了通过改善呼吸达到平静的方法。人类骨骼非常有结构性，如果人体骨骼不能处于适当的摆放状态，在重力场中人类就不能组织自己以进行合理的呼吸。只有在可以间接性地提高骨骼肌的组织到某种程度，从而让自己有良好的站姿或动作，我们才可以成功地单独进行呼吸的组织。

9．习惯的改变

最后，选择动作系统作为自我完善的着手点还有一个重要的原因。如前所述，所有的行为都是肌肉动员、感知、感觉和思考的复合体。理论上，其中任何一项要素均可被替代，但肌肉扮演的角色非常重要，如果将它从运动皮质的模式中删掉，那么，模式的其他要素将不复存在。

大脑的运动皮质区，也就是大脑中建立各种肌肉动员模式的区域，位于大脑负责处理连接程序/关联过程的皮质区的上方，两者相距仅有几毫米。人们所经历的所有感受和感觉，都与这个关联过程有关。

神经系统有一个基本特性：我们无法在执行一个动作时同时执行与其相反的动作。在任何单一时刻，整个系统会进行某种整合，这种整合是身体当下的表达。姿势、感觉、感受、思考，以及化学与激素会全部结合起来，形成一个无法切分的整体。这个整体可能高度错综复杂，但这是当下的那个时刻系统整合出来的整体。

在每一次这样的整合中，我们只会觉察到那些涉及肌肉和表层的部分。我们已经理解了肌肉在觉察中起主要作用。除非大脑运动皮质区域内已经先有了相应的变化，否则肌肉系统是不可能发生什么变化的。如果我们能以某种方式让大脑运动皮质产生变化，并且通过这种变化让模式的本身或与模式的协调也发生变化，则每种初阶整体内的觉察基础将不复存在。

由于处理思考和感受的大脑结构非常接近运动皮质，而且大脑组织的运作过程有扩散和蔓延到邻近组织的倾向，因此运动皮质的剧烈变化同样会影响思考和感受。

在任何单一整合模式中，只要动作这个基本要素有了根本性变化，整体的结合就会被打破，于是思考与感受就无法固着在已建立的惯性模式中。让我们可以觉察到思考和感受的肌肉部分已经改变，肌肉也不再会以之前我们熟悉的模式进行收缩。因此，在这种状况下，要让思考和感受发生改变就会容易得多，习惯已失去其主要支持，也就是肌肉的支持，因此习惯也就更容易改变。

结构与功能

抽象思维是人类独有的

我们已经说过，整个生命过程可被分为四个构成要素：动作、感觉、感受和思考。最后一个要素与动作有很大的不同。我们也许可以接受这个观点：思考，是在人类身上发现的思维形式，是人类所特有的。虽然我们也应该承认，在较高等的动物中，我们仍可观察到一些与思考相似的、灵光一现的东西，不过毫无疑问，抽象仍是人类所独有的。例如，音乐的和声理论、空间几何学、群体理论、概率都是人类思考的产物。人类的大脑和神经系统也有个相当独特的结构，这个结构跟大脑其他部位完全不同。除了这个独特的部分外，人类其他部分的大脑与其他生物大脑的结构很类似。限于篇幅，本书中我们不对这些解剖和生理上的差异进行详细分析，仅大致描述一下它的结构而已。

大脑中一个严格独立的部分

大脑需要特定的化学环境和温度才能存活。每个生命体都包含一组结构，其功能是管理和调节整体的化学反应和温度，只有这样生命才可以继续存活。这组结构就是嗅脑系统。嗅脑系统为每一个活着的生物体提供独特的内在需求。如果这些结构出错了，整个有机体将功能紊乱或根本无法存活。这些结构都是对称的，其排列和功能的每一个细节都是遗传的。

内在的周期性驱动

所有关于重要内部需求向外表达的每一种活动，都是由大脑的第二组结构负责处理的。维持身体和嗅脑系统的需求创造了内在的驱动力，之后驱动力将这些需求向环境表达出来。完成这些任务的是边缘系统，这组结构负责处理个体在重力场内动作相关的所有事务，以及内在驱动力的满足，例如饥饿、口渴和排泄废物。简言之，边缘系统负责处理所有内在需求：当内在需求没有被满足时，边缘系统就会使反应强化；当内在需求被满足后，反应就会减少或变弱，直到需求增加，循环再次开始。

我们通常称之为本能的所有奇迹，例如鸟类筑巢、蜘蛛织网，以及蜜蜂和鸽子能从很远的地方找到回家的路，都源于这些结构的运作。

学习能力的起始

在这类活动中，人类神经系统的特殊性已经显而易见。结构、组织和行动大部分是遗传的。相比之下，上面描述的嗅脑系统则完全是遗传的，除了基本的演化有所改变，否则个体和个体之间没有差异。

本能并不是像我们通常所想的那样固定，它们会变化，个体间会在本能上有微细的差异。在某些情况中，本能的作用很微弱，需要一定的个人经验，才能让动作继续进行下去。例如，对于一个新生儿来说，直到嘴唇碰到乳头受到刺激后他才会吸吮。某些情况下，本能会允许自己有相当程度的调整以适应环境，而有能力随着环境改变而改变的第一个征兆——简言之，就是学习能力的起始。因此，例如，当鸟类迁移到陌生的环境时，它们会让自己习惯用新材料来筑巢。然而，调整是困难的，并不是所有的个体都能同样成功调整自己，有些甚至根本就无法调整。适应新环境所需而进行本能上的调整，可能进展到我们一般习惯所说的理解和学习的程度。

精细分化是人类独有的天赋优势

大脑的第三组结构所负责处理的活动，足以区分人类和动物的不同。这组结构是高层皮质大脑系统／上边缘系统，此系统在人类身上呈现高度发展的状态，远远超过其他较高等的动物。这个系统负责手部肌肉的精细分化，因此让操作模式的数量、节奏和精细度有了更多的可能性。这个系统把人类的双手变成能演奏音乐、绘画、书写或做很多其他活动的工具。高层皮质大脑系统／上边缘系统赋予嘴、喉和呼吸器官的肌肉同样的敏感性。同样地，分化的能力增加了人类发出更多声音模式的可能性，从而产生了数百种语言、各种各样的唱法和吹口哨的方式。

个体经验与遗传

神经系统的结构和组织是遗传的，但其功能很大程度上取决于个体的经验。没有两个人的笔迹是一样的。一个人的笔迹取决于他最先学习的语言、他受教的书写方式、使用的笔或其他书写工具、书写时的姿势等。也就是说，他的笔迹取决于学习时影响大脑运动皮质形成模式或编码的所有相关事物。

在很大程度上，一个人正确学习母语发音的过程决定了他的舌头、嘴、声带和上腭肌肉的发育。一个人的第一语言，会影响他嘴唇肌肉的相对力量和口腔的结构，其影响表现在他学习第二语言时，我们都可以辨别出这个人之前说过的言语痕迹，这是因为，我们很难让发音器官去适应新的语调。在这个例子中，我们可以了解到个人经验的确会成为影响结构发展的决定因素，其影响程度不亚于遗传因素本身。而这种现象是人类独有的特性。

对立的概念来源于结构

与其他两个系统所遵从的对称性法则相反，第三个系统中的活动都是不对称的——右边不同于左边。左右两边分化背后的起因，就是这个不对称性。当右手位于支配地位时，语言中枢便会在脑部左侧形成，反之亦然。一般认为，左与右的基本对立大体上是我们对立概念的基础。由于右手通常执行更多功能，因此，在许多语言中，"右"这个字也有类似这样的意思：正确、法律、所有权、权威等，例如英文中的"right"、俄语中的"parvo"、德语中的"recht"和法语中的"droit"。

原始的思考模式倾向于将好和坏、黑和白、冷和热、亮和暗相互对立，并以相反和冲突的观点看待彼此之间的关系。但对思维成熟的个体来讲，他们几乎不会在任何真实的意义上给这些概念赋予完全对立的意义。例如，黑和冷绝不仅仅只是光和热的对立面——没有光就会黑暗，而热和冷之间的关系就更复杂了。

反转与不可反转的现象

将前两组系统与情绪中枢强烈的联结相比，第三组系统与情绪中枢之间的联结要弱很多。强烈的情绪，例如愤怒或嫉妒，会干扰这个新的精细系统，并会使思考混乱。但是，与感受毫不相干的思考是脱离现实的。不受约束或中立的思考能够更好地处理矛盾的论述。为了选择一个想法，我们至少必须要有这个想法是"对"的感受，也就是说，想法与现实相符。当然，在这里所说的"对"的概念是一个主观的现实。当"对"能够客观地与现实相符，此种想法就将成为一般人普遍的价值观。

例如，有两个观点："登上月球是可能的"和"登上月球是不可能的"。仅依靠大脑本身的活动，我们无法在这两个观点做出选择，因为这两个观点本身都是可以接受的。但单单是现实经验本身，就可以赋予某一个想法"对"的特性。好几个世纪之前，人们都认为前面的观点是错误的，"活在月球上"这句话，往往用来表达对方心智是脱离现实的。

如果纯粹只是通过大脑活动，大部分的过程都可以轻易地像不可反转一样的进行反转。然而在现实中，绝大部分的过程都不可反转，如火柴点着就燃烧后无法再变回成一根完整的火柴，一棵树也不能再还原成一株幼苗。

与时间有关的过程是不可反转的，因为时间本身不可反转。

事实上，很少有某种过程是可反转的，也就是说，可以循着原路、沿着过来的步骤退回到原点，恢复到过程启动之前的存在状态。不与现实联结的大脑活动并不构成真正的思考，就如同随机的肌肉收缩构不成动作或行动一般。

思考和行动之间的延迟是觉察的基础

与两个较古老的系统相比，第三组大脑系统的神经通路更长、更精细。尽管第三组系统有越过执行机制直接进行控制的能力，然而它的大部分运作还是通过前两组系统执行。间接的过程会导致行动的延迟，所以"先思而后行"并非只是一句格言。

在高层皮质大脑系统（上边缘系统）所产生的想法和身体的执行想法之间会有一个延迟。这种发生在思考过程和转化成行动之间的延迟，持续时间已足够长到可以让大脑决定是否抑制行动的发生。这种产生一个行动的意象，接着又延迟它的执行——延迟它或阻止它的可能性，是想象力和理智判断的基础。

这个系统的大部分动作都是由较古老的系统执行的，它们的速度被限于较老的系统。例如，理解文章的意思，不可能比眼睛扫描页面阅读更快。思想的表达，无法快过用语言把它说出来的速度。由此可见，比较快速的阅读和语言表达，是快速思考的手段之一。

任何特定行动的思考模式的产生，以及它和行动的执行之间一小段时间的延迟是觉察的物理基础。这样的停顿让我们有可能在行动的意图形成时，以及执行行动时，检视我们内在发生了什么。行动延迟的可能性——延长意图与执行之间的时间，使人能够学着去了解自己。不过，由于将我们的内在驱动力执行的系统具有自动化的特征，并且其他高等动物也采用同样的方式，因此在这方面我们所要学习的还有很多。

知行难以合一

执行一个动作，并不能证明我们知道——即使只是表面上的知道，自己在做什么或知道如何做。如果我们尝试带着觉察去执行一个行动，也就是说，以关注细节的方式去做，很快我们会发现，即使是最简单、最平常不过的动作，例如无法从坐着的状态从椅子上站起来，都充满了奥妙，而且我们根本就不知道这个动作是如何完成的：腹部或背部的肌肉收缩了吗？是腿部肌肉先用力，还是身体先往前倾斜？眼睛在做什么？头部又在做什么？我们很容易就可以证明人们其实并不知道自己在做什么，如果一直去找确切的答案，我们甚至都无法从椅子上站起来。因此，毫无选择，我们只好采用自己之前所习惯的方式执行动作。也就是，给自己一个指令，之后站起来，在这个过程中交给身体内部的特定组织执行动作——这种方式是自己喜欢的方式、习惯的方式。

因此，我们或许明白，我们若不耗费相当多的努力，就不能获得对自我的了解，自我了解甚至会干扰我们执行行动。也就是说，思考和理智是自动化、习惯性动作的敌人。在一则古老的寓言故事中，当蜈蚣被问起它是按照什么顺序来移动自己那么多脚时，它就不会走路了。这个故事中就暗含我想要说明的道理。

经由觉察，动作与意图达成一致

对一个正在做事的人来说，如果经常问他自己在做什么，往往会让他感到困惑，进而无法继续做下去。在这种情况下，他会突然意识到，他的行为表现与他以为自己正在做的并不一致。当觉察被微少唤醒时，即使行为的意图是来自于比较高层的第三组系统，但实际上我们却是用较古老的系统所采用的方式来执行行为意图。不仅如此，有大量这样的行动可以证明，我们实际上进行了与初始意图完全相反的行动。当行动的意图来自与情绪联结微弱的高层系统，而触发的行为是由与情绪联结强烈的低层系统执行时，就会出现这样的情形。因为相较于高层系统，低层系统的神经路径较短、速度更快，也因此缩短了意图和行动表现之间的延迟时间。

在这种情况下，由于低层大脑系统的动作反应和自动化执行过程更快，会引起与更强烈的情绪相关的部分动作几乎立刻被执行；与思考有关的部分（来自高层系统）则运作得较慢，往往要等到行为几乎完成，甚至结束之后才会出现。很多口误、失言就是这样发生的。

觉察不是生命所必需

大部分人的两个古老系统——嗅脑系统和边缘系统都能和谐地彼此适应，协调运作。这两个系统能满足人类生存的基本需要，并执行所有人类动作，包括我们将其归属于智力的部分。即使是高度发展的人类，其社会生活也不是非得具有高层皮质大脑系统（上边缘系统）才可以进行。虽然没有觉察，蜜蜂、蚂蚁、猴子等群居动物依然在某种社会系统下生活。其中，有些社会系统相当精密，涉及大部分人类社会的基本功能：照顾下一代、由国王统治、与邻国打仗、保卫国土、剥削奴隶及其他联合行动。

觉察是演化的新阶段

与其他运作相比，人类高层系统发展水平更高，这让觉察成为可能。也就是说，人类可以认识自己的生物需求并选择满足自身需求的方法。由于高层系统的存在，我们可以通过觉察去判断、分辨、归纳、抽象、想象等。对天生驱动力的觉察是人类自我认识的基础。觉察"这个冲动与形成人类文化的起源"为人类提供了引导自己生活的方法，但是很少人能够认识到这一点。

但是，我相信我们正生活在一个历史性的短暂转换期。在这个时期，那些"真正人类"即将出现。

发展的方向

每个人都有两个世界：一个是个人世界，另一个是所有人共同拥有的外部世界。在个人世界里，只要我活着，宇宙和所有的生物就存在，我的世界和我一起诞生，和我一起死去，一起消失。在共享的广阔外部世界，我只不过是大海中的一滴水、沙漠里的一粒沙。对于这个广阔的世界，我的生或死几乎无足轻重。

从某种程度上讲，一个人的人生目标是他的个人私事。有的人向往幸福，有的人追逐财富，有的人喜欢权力，有的人渴望知识或正义，也有的人追求平等。但是，我们甚至还不知道人类的目标是什么。唯一拥有合理基础，且已经被所有科学家接受的概念是：生物发展是有方向性的，人类站在这个发展阶梯的最高处。这种演化的方向也许可以解释为人类整体生命的目的。

在上一章中详细介绍神经系统结构时，我们已经看到这个目的。发展的方向是增加觉察能力，从而引导较古老的大脑运作过程和行动，让它们增加多样性，也同时抑制或加速它们的运作。我们自己在无意间理解了这种趋势，因为我们在观察一些艺术家或科学家时，会发现他们非常有能力，但是却缺失了使之成为完整"人"的某些因素。

意识和觉察

所有高度进化的动物都有相当程度的意识。他们能了解自己生活的环境，以及其在族群、兽群或鸟群中的地位。他们会互相合作以保护族群或兽群，甚至会帮助部落中的某一成员，这表示他们可能知道什么对邻居是好的。人不仅拥有高度发达的意识，而且具有特定的抽象能力，这使得人能够分辨同时理解在使用这种能力时自己内在发生了什么事。因此，人可能知道自己是否知道某些事。对于知道的事，人可以清楚自己理解还是不理解。人有能力进行更高层次的抽象思维，这种能力使人能够评估自己的抽象能力及在何种程度上使用这种能力。人可以分辨自己是否充分使用了觉察能力来认识事物，人也可以分辨自己是否对于某些事情是不了解的。

虽然在我们语言使用中，意识（consciousness）和觉察（awareness）的界限并不清晰，但这两者间有着本质区别。在家爬楼梯时，我们完全意识到自己在做什么，但是，却不知道已经爬了几级楼梯。为了要知道楼梯是多少级，就必须再爬一次，同时还要专注、倾听自己并计算楼梯数目。觉察是意识加上知道意识内发生了什么事，或在有意识的情况下我们自身正在发生什么。

许多人发现，觉察到随意肌的控制、思考和抽象过程相对容易。另一方面，觉察非随意肌的控制、感觉、情绪和创造力则更为困难。尽管这是困难的，但绝不是不可能的，虽然这对许多人来讲似乎是无法做得到的事。

我们是以一个完整的个体来行动的，即使在这个整体还不是那么完美的情况下。基于此，我们可以发展出对困难部分的觉察控制。那些相对容易控制的部分所发生的改变也会影响到系统的其他部分，包括那些我们无法直接控制的部分。间接影响也是一种控制。我们的工作就是一种训练方法，将这种间接影响转变成一种清晰的认知。

在这点上，我们可能必须明确一下，我们谈的是意志力和自我控制的学习，并不是为了要得到控制自己或控制别人的力量。这里，我们用了自我修正、改善、觉察训练和其他概念，用来描述发展概念的不同方面。"发展"强调的是结构、功能和成果之间的和谐。和谐的基本条件就是完全自由，避免自我强迫和来自他人的强迫。

一般来讲，正常的发展是和谐的。在发展的过程中，不同的部分会成长、改善和强化，通过这种方式整体得以持续地向其目标推进。正如孩子在和谐发展和成长过程中出现的新功能一样，在任何和谐的发展中，新力量也会产生。

和谐发展不是一件简单的事。让我们以抽象思维为例进行说明，乍看之下抽象似乎完全是一个优点，但就和谐发展而言，它也有许多缺点。抽象是语言表达的基础。字词象征了它们所描述的事物的意义，如果不能将字词所代表事物的性质或特征抽象化，就创造不出字词。若没有字词，任何人类文化都是难以想象的。在科学和所有的社会成就中，抽象思维及语言表达占有最重要的位置。但同时，抽象化及语言化也会成为一个暴君，它们剥夺了个体的具体真实情况。也就是说，这样的结果反而会造成严重的干扰，破坏大多数人类活动的和谐，其干扰的程度不但大到与身心疾病之间只有一线之隔，而且也会导致提前衰老。随着语言抽象变得更为成功、更加高效，人类的思维和想象与自己的感受和运作会变得越来越疏离。

我们知道，用来思考的结构与承载感受的结构之间有松散的联系。强烈的感受会影响我们对事物的客观认识，因此只有在没有强烈感受的情况下，人才会有清晰的思考。因此，要发展有效的思考的必要条件是：不断地从感受和本体感觉中抽离出来。

然而，对个体而言，即使有效思考是干扰因素，和谐发展也比不协调的发展更为重要。与自己其他部位切割开来的思考会渐渐变得贫瘠。主要以字词来进行的思考并不会从与感受有紧密联结、演化上较为古老的结构程序中汲取内容；充满创造性的、自发性的思维必须维持与早期的大脑结构之间的联系。无法从我们内在深层资源时时获得营养的抽象思考，会成为纯粹文字的组织，而缺乏所有真挚的人性内涵。许多艺术、科学、文学和诗歌方面的书，除了提供一连串符合逻辑的文字外，别无他物，它们没有个人的内涵。这个道理同样适用于许多人与他人的日常关系。无法与自己其他部分和谐发展的思考，会对自己的良好发展起到阻碍作用。

和谐发展是令人渴望的，这似乎是一个无足轻重的结论。如果我们只考虑这个短语的抽象概念和逻辑内容，它仍然与"整个人"不相干，与其他只讲究逻辑的语言表达一样，没有任何实用性的意义。然而，唯有当我们能激发自己的情绪和感觉以及直接印象时——也就是当我们以意象思考，以多元的心智组合思考时——这个无足轻重的结论，才会成为形式、图像和关系取之不尽的资源，并由此出现新组合和新发现的可能性。仅在为了建立人与人之间的联系时，才有必要使用语言形式。

在每一个具有长久历史的物种中都存在和谐发展。至于人类，由于在演化阶梯上，觉察相对来说是比较新近的发展，因此也会遇到很多困难。动物、类人猿及早期人类的和谐发展需要感觉、感受、动作及最低限制的思考——记忆和些许的意识所有的这些，都是清醒状态有别于睡眠状态的必要因素。

没有觉察力的动物只会到处游荡，它们的行为没有任何更进一步的意义。在演化的历史长河中，当觉察力出现在人类身上时，朝向某个方向的一些简单的动作成为"向左转"，而朝向另一方向则成了"向右转"。

我们很难理解这一事实的重要性，这对我们来说似乎是一件简单的事，正如对我们的眼睛而言，能"看见"是很简单的。但是稍微思考就会发现，事实上，分辨左右的能力和视觉一样，都是相当复杂的。当人能区分左右时，他是根据自己的定位来划分空间，他以自己为中心，并以此中心向外延伸空间。这种空间划分的感觉，在我们的觉察中尚未完全清楚时，经常被称之为"左手边"和"右手边"。这种觉察使得"左与右"的概念进一步抽象化，并可以用文字来进行表达。随着时间的推移，符号变得越来越抽象，最终可能建构出如同现在我所写下的这个句子。类似于我们对于左与右的理解，想要在觉察上前进一小步，人类就必须在移动时的某一刻不断地将自己的注意力在外在世界与自身之间不断地转换。这种注意力在内在与外界间的转换创造了抽象概念和文字，用以描述相对于外在世界个人世界位置的转换。显然，这种觉察的发展必然伴随着相当大的"生产痛"，当觉察的微光初现时，必然困惑了我们祖先很多次。

由于是演化意义上的新发展，不同个体之间的觉察程度相差很大，其差异程度远远超过其他能力的相对分布。此外，个人的觉察，以及觉察相对于人格中其他方面的相对价值也会出现巨大的周期性变化。可能有一个低谷，此时个人的觉察会消失一会儿或一段时间。虽然比较少见，但也可能出现一个高峰，在这个时期出现了和谐的整体，于是这个人所有的能力便整合成单一的整体。

在密宗的学派中，流传着一则西藏寓言。根据这个故事，一个没有觉察的人就像一辆马车，乘客是欲望，肌肉是拉车的马，马车本身就是骨架，觉察就像睡着的车夫。只要车夫一直睡着，马车就会被拖着漫无目的地游荡。每个乘客的目的地各不相同，马也会向不同的方向拉。但当车夫完全清醒握住缰绳后，马就会拉着马车把每一位乘客带到合适的目的地。

当觉察成功地与感觉、感受、动作和思考融合为一体时，马车就会沿着正确的道路前进。然后，人类就可以发现、发明、创造、创新和"知道"。人类明白，人类的小世界和周围的大世界是一体的，在这个统一体中，人类不再孤单。

第二部分

边做边学：12 节课
Doing to Understand: Twelve Practical Lessons

　　以下 12 节课程是从 Feldenkrais 学院多年来进行的上千节课程中挑选出来的。课程并不是依序安排，但是通过课程可以传递 Feldenkrais 体系的要点，以及他所用到的技巧。这些课程涉及全身的练习以及基本活动。

　　建议进行下述课程的学员在每天临睡前进行学习。几周后，他们会发现其基本生活的所有功能都会有明显的改善。

引 言

能力提升

设计这些课程的目的是提升能力，也就是扩大可能性的范围：化不可能为可能，化可能为容易，化容易为享受和愉悦。这是由于，只有轻松、愉悦的活动才能成为人们日常生活的一部分，并随时可以为他所用。那些难以执行的行为（action），那些需要人们克服自己内在抗拒才可以完成的活动不会成为他们正常生活的一部分。当我们变老后，我们会完全失去完成这些需要强迫自己才能完成的活动的能力。

例如，我们很少发现一个年逾 50 岁的人跳过栅栏，即使这个栅栏很矮。他会去寻找绕过栅栏的路，而不像年轻人那么轻易地就跳过去。

这样讲，并不意味着我们应该避免任何看起来困难的事或根本不动用意志去克服障碍。我们应该明确地区分"提升能力"与"纯粹地为了用力而用力去做"之间的区别。我们应该用意志力来提高自我能力，从而可以轻松地且在"理解自身行为的状况下"执行自己的行为。

能力与意志

随着能力的提升，你在进行某项活动时有意识的用力或努力感就会减小。提高能力所需的努力为意志力提供了足够和有效的练习。如果你认真地思考一下就会发现，很多具有强大意志力的人同时也是能力相对较差之人。那些知道如何有效运作的人不需要做事先的过多准备，也不会表现得很忙乱。那些依靠强大意志力行事的人通常会"过度用力"，而非合理有效地用力。

如果你是一个主要依靠意志力行事的人，你会提升自己"竭力做事"的能力，并习惯于使用多余的力完成动作。但事实上，如果能合理引导、循序渐进的话，完成这些动作仅需要很少的能量。

靠意志力、倾向于过度努力行事的人可以达到他们的目标，但却会导致相当大的伤害。那些不能直接对动作有所帮助的力不会消失，它反而会变成一股具有破坏性的力量，损害我们的关节、肌肉和身体其他用力进行动作的部位。对动作完成无助益的能量会变成热能，并引发系统的变化。在系统能够有效地再次运转之前，这些变化需要再次修复。

那些我们可以做得好的行为或动作通常对于我们来说似乎并不困难。我们甚至可以断言，那些我们感觉困难的动作只是因为我们执行不当所致。

为了理解运作，我们必须去感受它，而非仅靠费力勉强去做

为了学习，我们需要时间、注意力和分辨能力。为了分辨事物的不同，我们必须感觉。也就是说，为了学习我们必须增强自身的感觉能力。如果我们纯粹费力去做事，其结果往往会适得其反。

在学习动作时，我们应该有能力去注意自身内在的变化。因为在这种情况下，我们的大脑是清醒的，呼吸是可以自由控制的，身心没有因压力引起的紧绷或紧张。如果在学习时你需要非常费力，甚至费力还不足以达到目标，你就不可能再加快行动速度或让动作更强、更好，这是由于你已经达到了自己能力的极限。此时，屏住呼吸、出现多余动作、觉察能力下降，动作已经没有改变的余地。

在进行以下课程的过程中，读者会发现你所进行的动作非常简单和轻松。这是作者有意安排的学习方式，用这种方式做的读者在完成第一次课程后就可以发现自身的变化。

增加分辨力

希伯来智者曾说过："愚蠢之人无法感觉（A fool cannot feel）。"如果你不能感觉，你就不能觉察到不同，当然你就不能分辨动作之间的差别。没有分辨的能力，你就不能习得，学习能力也不会提高。这并非一件简单的事，因为人类的感官觉察能力与刺激相连，刺激是产生感觉之源。因此，在刺激非常小的情况下，就需要我们具有更加精细的分辨能力。

如果我手里拿着一根铁棒，一只苍蝇飞过来并停在上面，我一点也不会觉察到重量的变化。但是，如果我手里拿着一支羽毛，我就会觉察到苍蝇落在上面或飞走前后的不同。这种情况适用于各种感觉：听、看、嗅、味、热、冷。

书中给出的课程旨在减小学员在做动作时的用力程度，因为如果你想要分辨用力程度上的差别，就必须减小用力程度。只有通过增加敏感性、提高分辨能力，我们才可以获得更加细微的动作控制。

习惯的力量

即使我们明知自己的动作或姿势习惯不好，也很难改正。这是因为你必须同时纠正错误以及出现错误的方式或过程。我们需要坚持不懈的毅力和足够的知识才能让我们依据我们所知而非习惯完成动作。

如果一个人在站立时腹部和骨盆向前过度前挺、头后仰，他的下背部就会过度弯曲。如果他将头向前倾、将骨盆向后移，可能会产生头向前过度低垂、骨盆过度后移的错觉。他自己可能感觉此时的动作不太正常，结果是很快又恢复到之前习惯的站姿。

因此，仅仅靠感觉本身不可能改变习惯。想要改变习惯必须让学员增加一些有意识的心理参与，直到学员对于调整后的姿势不再感到不正常并逐步形成新的习惯。改变习惯比我们想象的要困难得多，只有试过了你才能真正体会到这一点。

边做边思考

在我的课程中，学员要学习边听指导语边做动作，在不停止动作的过程中进行必要的调整。通过这种方式，学员学会了边思考边做动作。这比起要思考就必须停止动作的人，以及要行动就必须停止思考的人在能力上提升了一大步。例如，一个会开车的人可以轻松地边开车边考虑如何遵守交通规则，但一个新手却难以做到。

为了使学员从这些课程中获得最大的收益，学员必须试着在不停止前一个动作的情况下进行下一个动作；学员也必须在继续进行正在做的动作的同时在大脑中准备做下一动作。

做不浪费能量的动作

一部运作效率高的机器，它的各部件都能完美地相互配合：该上油的地方上油，各部件相互接触的表面没有沙砾或灰尘；所有的燃料在热力学的范围内能全部转换为动能；运行起来没有杂音或振动。即能量不会浪费在影响机器有效运作的无用动作上。

我们课程的目标就是达到上述的效果。通过课程学员可以慢慢移除动作模式中多余的，以及任何会阻碍、干扰或进行相反动作的所有动作。

在当今逐步被采用的教育体系中，更强调不惜代价达到某种目标，而不考虑达成目标的过程中力的使用有多紊乱或分散。很多人在进行本应协调、连贯、流畅、有效，甚至令人愉悦的动作时，没有将思考、感觉和控制有效整合。他们在做动作时没有将身体各部位加以区分，将对于完成目标动作没有必要的，甚至干扰目标动作的多余动作均加入其中。其结果之一是，我们经常在进行目标动作的同时也在进行与目标动作相抵触的动作。只有运用心智努力，我们才能够让指向目标动作的身体部位去引导那些产生反作用的动作的部位。然而，在采用这种方式时，意志力可能会掩盖执行合理动作时能力上的不足。正确的方式是学会减小与目标动作相抵抗的力，仅在需要使用超人的努力时才使用自己的意志力。

稍后，当读者经过实践的验证后，我们再进一步讨论这部分的内容。当他们真正理解了这一点之后，他们也会获得进步。

练习时的呼吸节奏

在以正确的方式完成一节课后，应该会有一种像睡了一个好觉或度假后的焕然一新和轻松的自在感。如果不是这样，可能是因为做动作太快或在做动作时没有注意到呼吸节奏。

在进行动作时，应该让动作和呼吸的节奏相互配合。当身体获得良好组织后，呼吸会自动调节至与动作相协调的状态。

动作速度

在第一次进行某课程时，应该依据指导语慢慢进行。在进行完所有的课程后进行第二遍时，可以尝试在那些可以流畅和轻松完成的部分以更快的速度进行。随后，可以采用有时极快、有时极慢的方式做动作。

学习提示

练习时间的选择

课程最好安排在晚上临睡前进行，但是至少要距晚餐 1 小时。在做完练习后，尽快上床休息。这其中的主要原因就是在一天的工作和焦虑之后，通过练习可以解脱心理上和肌肉上的紧绷。通过睡眠也可以获得充分的休息并焕发活力。

醒来后，在床上做 1 分钟或更长时间的练习，并试着回想前一天晚上做动作时的感觉。练习两三次记得的那些动作会很有帮助。在白天做其他工作时，可以不断回想做过的动作。试着观察你所能觉察到的由课程所带来的改变。

在一天中安排特定的时间进行重复练习，即使每次只有数秒都有会所帮助。每次的回忆都会帮助你巩固所习得的能力。

当课程已经成为日常生活的一部分时，你可以在任何方便的时间复习几次。

练习时长

每个课程安排多长时间取决于每个人的学习速度。在刚刚开始学习时，每个动作的重复次数或多或少会影响课程的时间。开始时，每个动作重复 10 次，之后可以增加至 25 次。有时可以将一个动作重复 100 次，也可以采取非常非常缓慢的方式或非常非常快速的方式做每一个动作。但是，快速并不意味着仓促与匆忙。

因此，同样的内容，刚刚开始时可能需要 45 分钟，之后大约只需要 20 分钟。再后来，当课程已经变成你日常生活的一部分后，学员可以自行选择时间，简单地回顾一下即可。

练习地点

找一个可以铺上地毯或垫子的地面或地板，空间要足够大，能够让自己的四肢完全伸展，周围的家具或其他物品不要限制动作的进行。如果你无法躺在地板上，可以在地板上铺上厚毛毯或躺在床上进行。

衣着

穿着越少越好。确保穿得舒适，衣着不要干扰到动作和呼吸，不要太紧。另外，背部不要有扣子。

如何进行课程

如果你是自己学习，且必须不断地看课程指示，则最好每次只做一小部分。先阅读一小段，在明白自己需要做什么之后再开始。在进行 25 次后，停下来阅读下一段，再继续。由于采用这种方式进行会花费较多的时间，因此你可以分段进行，不必一次做完某次课程的内容。当学习完某节课程中的所有动作并能够自己顺畅地完成所有动作后，再将各部分连起来做，一次做完所有的动作。

第1课
什么是好姿势

合理的站姿不是直的

"坐直！""站直！"我们常听到母亲和师长充满不可置疑、绝对自信的方式这样告诉孩子。如果你问他们："到底该如何坐直或站直？"他们会回答："你这么问是什么意思？你不明白直是什么意思吗？直就是直！"

有些人确实站得直直的，走路时身体的姿态也是直的，他们的背挺得很直，头立得很高。他们的姿势中的确有"站直"的成分。

如果你看到一个小孩或成人，他被告知要坐直或站直，被指正的人似乎也同意别人的看法，认定自己的姿势是不正确的，于是很快就把背挺直，把头立起来。他认为这就是正确或合理的姿势，但是他们很难在不保持注意力的情况下保持这种"正确或合理"的姿势。一旦他的注意力分散至其他必须进行的、紧急的、有趣的事件后，他的身体很快又会回到原来的姿势。

我们几乎可以确定，除非有人提醒或自己突然又想起来，否则他不会自己主动把身体保持在"挺直"的姿势。

直，我们通常指垂直

当我们说"站直"时，我们通常指的是垂直。但是，如果我们从解剖学的角度来看人体的骨架，你会发现只有两个小部位或多或少处于垂直状态：颈部最上方的脊椎以及胸腰之间的脊椎。没有其他骨骼是处于精确的垂直方向（尽管手臂的骨骼有时或多或少处于垂直状态）。因此，当我们说"直"的时候，我们明显在表达不同的意思。因为我们根本不知道这个词用在人体上时指的是什么意思。

直是一个美学上的概念

"直"这个词有时会引发理解上的偏差。它表达不了我们想要的意思，甚至也不能表达我们在获得进步、提高后的期望。"直"纯粹是一个与姿势有关的美学上的感觉，它所表达的意义既无用也不精确，因此它不能作为一个纠正错误或矫正的标准。

此外，几何学上直的概念也同样不适用，因为它是一个静态状态。身体若要维持在几何学概念上的垂直状态时，身体就必须处在静止的状态，完全不动。

为了完全理解我们所接受的直的概念与姿势中所谓直的概念之间并不相同这一点，我们可以从一个背部受伤、不能直立的人的角度来考虑。这种情况下，他应该如何坐或站呢？一个残障人士真的不能再合理、有效、优雅地使用自己的身体吗？很多腿残疾的人在使用身体的能力上甚至超过健全人群。有些人骨骼严重受损，但却能在动作上表现得非常有力、精准和优雅。简单的"直"的概念不能应用于他们身体上。

骨骼、肌肉与重力

任何姿势，只要它不与自然法则相冲突就是可以接受的姿势。这里的自然法则指的是骨骼结构应对抗重力，从而让肌肉产生动作（译者注：让肌肉产生动作，而不是费力对抗重力）。神经系统和骨骼在重力的影响下协调发展，从而使身体虽然受重力影响却可以不用耗费过多能量。如果肌肉必须承担骨骼的工作，其结果是它不仅会不必要地消耗能量，而且也使肌肉不能有效地完成其改变身体姿势、行动的功能。

如果姿势不佳，肌肉将会做一部分骨骼需要完成的工作。为了矫正姿势，重要的是指出是什么导致神经系统对重力的反应发生扭曲，整个系统中的哪些部分需要调整。

为了理解这些问题的实际意义，我们必须对上述概念予以梳理。我们首先需要理解系统对于重力的正确或合理反应是什么。

放松，常被误解的概念

当不讲话、不进食或在进行其他活动时，很多人的嘴是闭着的。是什么原因让下颌骨与上颌骨自动地合在一起？放松是当下流行的概念，如果这一概念是正确的话，那么我们的下颌就会下垂、嘴巴张大。但是这种放松的情况只有在天生智力障碍或中风的人身上才可以看到。

理解像下颌这样的身体部位如何能一直保持在向上合拢的状态、下颌的肌肉在我们清醒状态下一直处于工作状态是非常重要的。下颌通常会保持在向上合拢的状态，但我们甚至并不知道自己做了什么特别的事情。然而，为了让下颌打开，我们实际上还得学会抑制相关的肌肉。如果你试着放松下颌，让它依据自身重量将嘴巴完成张开，其实不是一件容易的事。如果使用这种方式成功地张开嘴，你将观察到自己的面部表情已经发生变化。有可能在这个试验的最后你会发现你的下颌平时收得太紧了。

可能你也会发现这种过度紧绷之源。在下颌放松之后观察自己如何恢复紧绷状态，你至少会发现人们对于自己的力量以及自身情况知道的有多么少。

对于一个觉察能力强的人，通过这个小的试验观察到的东西是非常重要的，重要性甚至强过他自己的生计。当他发现哪些东西降低了自己很多活动的效率，他维持生计的能力就可能会提高。

我们并没有觉察到反重力肌肉的活动

下颌并不是唯一"不受重力作用影响"的身体部位。头也不会自己垂下。头部的重力中心点大约位于两只耳朵之间，由脊柱支撑。位于支撑点前部的面部和颅骨前部的重量大约位于支撑点后部的颅骨后部的重量。尽管结构是这样的，但头部并没有向前垂下。很明显，系统一定有某种机制让头能保持在这种姿势。

如果我们完全放松颈背的肌肉，头一定会往下垂，直到下巴触到胸骨。但是，我们并没有觉察到自己的肌肉从后侧将头拉住，使其保持在抬起的状态。

在站立状态下，如果你用手指去触摸小腿肌肉，你会发现它们在强力收缩着。如果它们放松的话，身体就会向前倒下。如果姿势较好，与垂直线相比，小腿骨会稍稍向前。小腿肌肉的收缩使我们的身体不会向前摔倒。

我们并不知道自己如何站立

我们并没有觉察到自己的肌肉对抗重力的收缩活动和过程。只有当我们干扰或强化这些抗重力的肌肉时，也就是在清醒意识状态下主动改变它们时，我们才会觉察到这些抗重力肌肉。若非做有意识、刻意的动作，我们一般不会觉察到这些不间断的收缩。由神经系统不同部位发出的电信号（冲动）与上述情况有关。一组电信号引发随意动作，另一组则引发抗重力肌肉的收缩，直到这些肌肉的收缩力切实地与重力达到平衡。

神经系统中相对古老的部位负责人体直立姿势

关于四肢以及身体某些部位的研究表明，如肩、眼、眼睑等的肌肉处于不间断地工作状态。它们的收缩是人觉察不到的，也不是由任何有意识的努力引发的。例如，有多少人意识到自己的眼睑抬起，自己的眼睑有多重？只有当自己在半睡半醒之间，你突然发现自己很难睁开眼时才能感觉到它的重量。只要我们处于直立姿势，眼睑就算有重量也不会垂下来。直立姿势以及与其相关的活动是由神经系统中特定的部位控制。这些部位一直进行着一系列复杂的工作，但我们意识不到它们的活动。神经系统内的这个部位是人类进化过程中最古老的部位。它比自主神经系统（voluntary system）的形成要早得多。

本能与意图

如果一个人出生时没有什么先天不足，他应该就具备形成良好姿势的权利。此外，姿势是受自动系统控制的，与个人意志无关，所有人都应该用同样的方式站立。就像所有的猫都采用同样的方式站立、所有的麻雀都用同样的方式飞行一样。

但是，事实总是比它所看起来更简单和更复杂。我们通常认为本能与知识和理解是完全不同的。我们相信蜜蜂、蜘蛛以及动物世界的其他工程师均依本能行事，认为它们不需要学习，无须像人类一样还要靠大脑、意识、意志力等进行研习。这种认识并不完全正确。本能并非全然是自动运作，而我们经过深思熟虑后做的事也不完全与本能无关。

人类的学习能力与动物的本能

与动物相比，人的本能非常微不足道。并非所有的婴儿一出生就会自己呼吸，有些时候需要有人狠狠地打他一下，让他哭，他才会开始呼吸。吸吮也是一样，很多婴儿需要在旁人的鼓励和刺激下，才能唤醒他满足自我生命需求的动机和能力。人类没有非常清晰、准确无误的本能引导他进行行走或完成其他动作，甚至包括性活动。但是，人类的学习能力与其他生命体相比要强过万倍。动物强烈的本能不允许它们停止或对抗自己的本能行为。明显的改变本能行为不仅不易，而且也难以保持。

因此，人类学习的能力包含了依据个人经验对熟悉的刺激产生新的反应，这是人类的特质。本能的小小改变会遭遇巨大的困难，而人类的学习能力替代了本能。

人类主要依自身经验进行学习，动物的学习主要来自于种群的经验

语言功能是帮助我们理解人类其他功能的非常好的例子。每个小孩生下来若无重大缺陷，一定都有骨骼、肌肉和神经系统。这些物质基础使他可以通过听、模仿来学习说话。动物则具有非常强的本能，它们几乎不需要学习。几乎从出生之时，它们神经系统中的指令机制与执行机制之间已经形成联系。由于这种联系是预设的，动物仅需要很少量的经验就可以永久性地表现自身功能。

因此，无论是日本还是墨西哥的夜莺都唱着同样的歌曲（这样说虽然从科学上讲并不一定百分百正确，但足以为例）。不管是哪里的蜜蜂，它们也用同样的方式筑巢。血管里流着犬的血的任何动物，都会吠叫，纵使它是与豺狼杂交的后代。

但是，人类在出生之时并没有固定的语言模式。语言的形成与发展一方面是解剖学的，同时也是功能性的。如果一个小孩生长在中国，他就说中文，或者学其他与环境相适应的语言。无论他生于何处，他不得不依据个人经验，形成神经细胞之间的联系，以动员或激活那些与语言有关的肌肉。

依据经验之不同，这些神经细胞具有自由建立各种模式的能力。而特定的模式是由个人经验创造，而与人类的整体经验无关，因此只有在经验相对稳定的情况下某种特定模式才会长久。有些人甚至会忘记自己的母语。而学习另一个语言并不是非常困难。

个体经验

但是，正是早期语言的学习会对嘴部肌肉和声带相对力量的发展产生巨大影响。在学习新的语言时，早期经验会对其有较大的影响，学习者也很难习惯新的语言。由于以前学习的语言方式会妨碍嘴部和喉部肌肉的动作组合，学习一种新的语言会变得更加困难。这是因为，人们已经形成了某种自动继续采用老模式进行说话的趋势。

人类巨大的调整能力

上述实事将有助于我们理解为什么每个人在站和走的姿势上有如此大的差别，即使这些行为更受控于本能，而非大脑中随意控制的部位。

尽管行走行为早于语言行为，但直立姿势与语言一样，神经系统中的那些神经细胞之间并没有先天的联系。就行走而言，人类比动物更具备根据周围环境自由调整的能力，例如，无论它们生于何种地形，动物在出生后数分钟内就可以走、跑、摔倒、再站立。这种从一出生就建立和固定下来的功能在个体间的差异非常小。但是，经个体经验发展出的某种功能，个体之间必定会存在差异。

姿势的动态性

如果我们认为站和走的姿势是静态的，那么我们就很难找到一种方式描述它，进而改善它。如果我们想要改善它们，我们必须了解姿势的动态特征。从动态的观点来看，每一个稳定姿势（posture）只是组成动作的一系列姿势（position）的一部分。以钟摆为例，当钟摆在左右运动时，它会以最快的速度通过"稳定点"。当钟摆处于稳定状态时，在给它施加外力之前，它会保持不动。保持在稳定点是不需要消耗任何能量的。在走、起身、坐下时，人体必然会不时地经过不需要消耗能量的"直立稳定点"。然而，一旦动作根据重力做相应调整，身体经过"稳定点"的线路并不清晰，肌肉就会持续地做无用功。

若持续地站或坐不需要费力，它们则是稳定的姿势。在稳定状态下，仅需要非常少的能量就可以开始任何动作，而如果保持不动则不需要费力。

自动控制与随意控制

如果我们能够认识到，随意肌不仅会对我们完成某种动作的意图做出反应，同时也会对神经系统中无意识的部位发出的指令做出反应，那么很多理论和实践上的困惑将变得更容易理解。尽管随意控制系统会在任何合适的时机发出指令，但一般情况下人体受自动控制系统控制。当人体需要做出尽可能快的反应时，自动控制系统在我们还没有明白过来的情况下就发出指令，例如当我们突然要摔倒或遭遇生命危险时。以人踩到香蕉皮为例你就会明白，身体在反射机制的作用下会快速地把自己扶正，在这一过程中随意控制系统甚至都还没有意识到。

通过肌肉运动知觉（kinesthetic sense），我们可以知道自己是否处于稳定姿势。如果随意系统控制肌肉，我们就处于稳定姿势。如果随意控制系统暂时停止工作，自动控制系统控制肌肉，则姿势是不稳定的。一旦自动控制系统将身体带回稳定姿势，随意控制将重新进入工作状态。

感觉扭曲的原因

任何可能会减少分辨能力敏感性的事都会减缓我们对于刺激的反应速度。在这种情况下，只有将姿势远离稳定状态时，也即将需要进行紧急的、需要肌肉用更大力收缩时，人体才会对姿势进行调整。人体这种分辨能力敏感性下降的状态会更进一步改变觉察的精确性，从而导致整个行为系统和控制系统降低到粗糙的层面。最终，人体的控制能力会出现严重下降，甚至对人体系统产生损害。

疼痛是导致控制能力下降的原因之一，若再往前追溯的话，疼痛的原因可能是身体上的或心理上的。疼痛会负面影响人的自信，是改变人体理想姿势的主要原因。这类疼痛会导致自我评价降低。神经紧张出现后，会进一步降低敏感性。因此，我们将感受不到自己持续地、一点点地偏离理想姿势以及肌肉的紧绷，并且自己也无法觉察到肌肉的用力。我们觉得自己什么也没有做，但事实上肌肉在进行着不必要的收缩，系统的控制已经被极大地扭曲。

随意动作的敏感性

我们可以做一个合理的假设：当我们进行在随意系统控制下的肌肉收缩时，如果增加肌肉用力的觉察度，且将这种觉察变成一个习惯，我们将学会识别正常情况下我们意识不到的肌肉用力。如果我们能够去除那些多余的力，我们将会清晰地识别理想的稳定姿势。这样，我们将回到不需要用有意识的肌肉用力即可保持平衡的状态。因为，在理想状态下，平衡是由神经肌肉中较古老的部位控制。这种控制方式将会使我们找到适合于自身遗传身体结构的最优姿势。

平衡的动力学

现在，让我们从动力学的角度讨论一下平衡。以钟摆为例，当重力将钟摆停放在一个完全垂直的位置时，钟摆是位于左右摆动路线的正中间位置。使钟摆左右摇摆的外力逐步与摩擦力相抵消，摆动幅度会越来越小，直到最后停在稳定状态。只要力不是来自于垂直方向，任何小小的力都可以使钟摆左右摆动。这个道理对处于平衡状态的其他事物也是一样的。因此，一棵直立的树，当风吹过时，上面的树枝会随风摇曳。相同的道理，在好的直立姿势状态下，最小的肌肉用力就可以使人体非常轻易地向想要去的方向运动。这也就意味着，在直立姿势时，不应该有源自于随意控制系统的肌肉用力，无论这种肌肉用力是你自己知道的、有意的，或仅是由于习惯而无意识产生的。

站姿摇摆

站立，让自己的身体小幅度地左右摆动，感觉自己好像树一样随风摆动。注意观察脊柱和头的动作。进行 10~15 次这样的动作，直到你能找到动作与呼吸之间的联系。之后，进行相似的动作，但这次是前后摆动。你可能很快就发现，在大多数情况下，自己向后的动作比向前的动作更容易、幅度更大。在向前摆动时，你会感觉到脚踝有些紧绷。

　　而产生这种紧绷时的动作幅度每个人都不一样。只有在很少的情况下，人的胸腔周围的肌肉（包括肩膀、锁骨、颈部、肋部和膈肌）组织是完善的，从而让自己能够在完成前后摆动动作时像进行左右摆动动作时那么连贯，且呼吸流畅。

　　继续做动作，这次让头在水平面上画圈。重复进行，直到你可以感觉到所有的动作由小腿完成，在动作的各个角度你都可以感觉到自己的脚踝。

　　再次进行左右、前后摆动身体，同时头部顺时针和逆时针画圈动作，这次在进行动作时让身体的重心压在右脚上，左脚仅用大脚趾点地。左脚不参与动作，仅起保持身体平衡，以及让右脚做动作时呼吸不受干扰的作用。之后再进行以左脚为支撑的动作。每个动作进行 20~30 次，动作尽可能变得流畅、舒适。

坐姿摇摆

　　坐在椅子靠前的位置。将双脚放在地面上，双脚距离稍微拉开一些，放松双腿的肌肉。双膝可以向两边打开，以脚踝为支撑点向前轻松做动作。之后，在保持坐姿的情况下进行左右小幅度地摆动，找到呼吸与动作的配合。休息片刻。再进行膝关节前后的移动，同时觉察髋关节和骨盆的动作以及膝关节前后的动作。

　　现在，躯干进行画圈的动作，感觉头部也在画圈，想象脊柱就像枝条一样，顶端是你的头。在做动作时，脊椎之间的相对位置不要发生变化，脊柱就像底部位置，即尾骨被固定在椅子上，头则位于脊柱的另一端。头部画圈，感觉就像一个倒置的圆锥体一样。反向做动作，直到做动作时的不顺畅感消失，动作变得流畅、连贯。

坐与站的动态联系

现在我们要讨论最重要的一点，即坐与站之间的动态联系。很多人感觉从坐姿变换为站姿需要用力。他们并不知道在站起来之前就已经开始先收缩自己颈部后侧的肌肉，并将头向后拉、下巴向前指。这种多余的肌肉用力来自于想要固定胸部，从而让腿部肌肉（膝关节伸肌）用力。我们应该明白，这样用力也是多余的。所有这些动作表明你在起身时会使用头部动作起身的意图，而头部的用力反而将整个躯干的重量向后拉。

从我们此前提及的随意控制和古老的反射控制的角度来讲，这两种控制之间的冲突表现在"身体重心尚未移动至脚底的前方，脚就受随意系统控制开始用力踩向地面"。实际上，当人体重心移过双脚，由古老的控制系统发出的指令会引发反射性动作，让双腿伸直。在进行这个自动动作时，你不会感觉到自己在用力。

然而，在反射性刺激还没有被动用之前，人们就开始过早地、有意识地将双脚踩向地面。由于随意系统对相对较慢的动作进行控制，在上述的例子中，它干扰了原始的反射控制系统的运作，妨碍了人体用自然、有组织且有效率的方式执行动作。我们必须能够洞察这种机制。只有洞察到这一点，才可能是真正的"了解自己"。

这种冲突是如何形成的呢？当脚过早用力踩向地面以伸直双

腿时，骨盆就会被固定住，骨盆的上部甚至还会被向后拉一点点。腹肌用力，想要将头向前向下拉。但是如果以腹肌的力量将骨盆拉起的话，由于骨盆处于固定的姿势，则腿部动弹不得，膝关节和踝关节也不能屈伸，身体就会回到坐姿。很多老人和体弱者常会出现因上述原因站不起来的情况。尽管他们具备起身实际需要的力，但他们的身体不能产生大于起身实际需要再加上上述错误动作时需要额外使用的力。

量化错误，加以改进

在进行以下练习之前先将一台体重计放在椅子前。之后坐下，将双脚放在体重计上。你会发现体重计的指针会跑到大约你体重 1/4 的数量上，这是你腿的重量。首先采用之前自己习惯的方式做起身动作，同时观察体重计指针的移动。你会发现，指针首先会转至超过你体重的数字，之后再回到小于你体重的数字，经过这样的前后摆动，最终停留在你自己体重的那个数字上。

在你觉得从坐至站的动作已经有改善后，再次采用上述方法进行评估。如果你的动作是有效率的，你会发现指针会慢慢移动，到实际体重数值后就停下来了，不会超过实际体重数。这就说明你的动作中不再包括多余的加速过程。如果你试着计算一下你省下多少不必浪费的力，你就会明白采用合理的方式坐起时你实际上仅需付出很小的力。

再次坐下，坐在椅子前部。让身体向前、向后摆动，动作幅度慢慢增加，不要突然增加肌肉用力。克制所有要坐起来的意图，因为这样的意图会让你重新恢复至之前习惯采用的起身方式。完成从坐到站的动作需要的力量不会大于你进行躯干前后摆动的力量。即使你已经成功使用了上述的方式，以下有几种方式也均值得一试。

1. 避免有意识地动员腿部肌肉

在躯干进行前后摆动时，想着将你的双膝和双脚抬离地面。这样，当躯干向前摆动时，你才不会想着收缩大腿的肌肉——大腿肌肉的功能是伸直双腿。大腿肌肉的收缩会增加双脚对地面的压力。你的骨盆现在应该可以不用力就可以离开椅子，你也会从坐姿自然而然地变为站姿。

2. 避免有意识地动员颈部肌肉

在躯干进行前后摆动时，用右手指轻轻抓住头顶的头发，并沿着颈椎的方向轻轻向上拉。这样你就可以感觉到在躯干前后摆动时颈部肌肉是否紧绷。如果在躯干向前摆动时颈背部肌肉没有紧绷的话，你的脚就不会有突然过多地向地下踩的动作。这样，向前摆动的动作就会带着你的身体完成从坐至站的动作，并且在完成动作时你的呼吸不会变化，胸部也不会有多余的用力。

之后，换用左手拉着自己的头发，并重复进行之前的动作。通常情况下，使用不同的手，动作感觉会有差别。

3. 终止自己起身的意图

躯干向前摆动至某个角度时，你会感觉到自己的腿部和呼吸器官需要用力。在这个角度上，之前有节奏的动作似乎要中止，肌肉用力要增加。如果在这个角度上站起来，你所进行的动作不是之前前后摆动动作的延续，而是一个突然的用力。

在这个角度时，你要停止所有动作，并保持这个姿势。然后停止起身的意图，观察身体的哪些肌肉放松了。对于正确的起身动作来讲，这些用力都是多余的。想要觉察到这些，你必须非常专注。如果你停止了起身的意图，这个摆动角度的姿势马上就会变成和坐下来一样舒服。这样无论你站起来还是坐下来都会感到非常容易。

4. 有节奏的膝部动作

坐在椅子前端边缘，将双脚舒适地放在地面上，两脚保持一定距离。进行两个膝部相互并拢－分开的动作，直到动作变得非常有节奏、有规律和轻松。用右手轻轻拉着头顶的头发将自己提起，在这个过程中不要干扰双膝的动作。如果身体不能合理地组织或控制双膝，你会颤抖，或者你会在膝部完全分开或完全靠近时想要试着站起来。双膝在这两个位置时，你会停止向内或向外的动作，这一点你自己可能都意识不到。

5. 把动作与意图分开

改善动作的必要条件之一就是要将动作与意图分开。在下面的练习中，你既可以学习，也可以测试动作完成的质量。

如同之前一样，坐在椅子上，同时放置一把椅子在你面前，让椅背对着你。双手放在另一把椅子的椅背上。在完成动作时，不要想着自己要站起来，而是想着把座位抬起来。在站立时，仍将手放在前面椅子的椅背上，不要想着你要坐下来，而是想着你的座位在放低。在完成动作时，你要想着这两点。

"将座位放低"是坐下来的一种方式,这一点与"将你的座位抬起来"是一个道理。通过这种方式,你的注意力是集中在动作执行的方法上,而不是放在执行动作的意图上。很多人采用这种不考虑正在做什么的方式时能够坐下或站起。当做动作的人无论是采用专注于动作意图的方式或是采用专注于执行动作方法的方式均在用力上没有差别时,就说明动作是合理的。当动作执行错误时,旁观者可以立即指出做动作之人采用的是何种思考方式。

专注于目标会导致过度紧张

在进行简单动作时,把注意力从动作转移至完成它的方法,并采用后一种方式是很容易的。在完成复杂动作时,想达到目标的欲望越大,你就越能体会采用两种不同思维模式效果之间的差异。

完成目标的愿望非常强烈时通常会导致内部紧张。这种内部紧张的存在不仅会阻碍目标的实现,还会危及生命——例如,当你穿越马路时,如果你不顾一切地想要搭上马路对面的公交车,你的注意力就会完全从周围环境中抽离出来。

将目标与方法分开可以提高表现

在很多情况下,若执行某个动作的欲望非常强烈,此时如果将目标与达到目标的方法分开,动作的效率会更高。例如,一位急于到达某地的人如果能找一位驾驶技术好、不急于到达目的地的人来帮他开车的话，效果会更好。

当动作与目标的达成均受控于神经系统中古老的部位（从进化论的观点来看，它是发育最早的，且我们无法随意控制）时，动作的表现就会出现严重紊乱。这些动作可能包括性、睡眠、排泄。如果目标即过程，则动作可以获得执行，不过有时在过程即目标的情况下，动作也可以获得执行。因此，当目标及实现过程都相当简单时，去研究这方面的问题便相当有帮助，我们能将我们所获得的了解应用在更重要的动作上。

有效的用力作用于动作的方向上

坐在椅子的前端，用右手手指接触头顶，手指刚刚碰到头就可以，通过这种方式可以更好地发现颈背部肌肉紧张度的变化。抬起再放下你的下颌（使用颈背部肌肉），观察手指是否能感受头部的动作。

运用髋关节，增加头部向前向后的幅度，直到屁股从椅子上抬起，之后站起来，但是不要在完成动作的任何阶段让双腿用力突然增加。

你会发现，用指尖来引导身体和平滑的向上起身的动作，让胸腔周围的肌肉组织起来，让肋骨和胸腔悬挂在脊柱上，而不是因为肌肉的紧绷而变得僵硬。

为了在做动作的过程中让脊柱承担胸腔的重量，并保持呼吸自由，髋关节产生的力必须向脊柱的方向引导。任何多余的用力都会导致头和颈椎之间的角度发生变化，或造成脊柱弯曲。

为了让动作变得精细且有效率，做动作的感觉要越来越轻松、越来越有力，直到自己感觉不到做动作需要屏住呼吸、胸腔周围的肌肉紧绷。屏住呼吸的倾向是一种本能动作，部分原因是为了避免脊椎间的水平剪切力，保持脊椎的纵向排列。

缺乏选择使紧绷成为习惯

人们一旦养成在进行任何动作时多余的用力习惯，他就必须紧绷自己，并用更大的力来帮助他完成动作。这样的用力既不舒服也不是一种享受，更不是他自己想要的。缺乏"是否用力"的选择权使肌肉紧绷成为一种习惯。其结果是，他会习惯于自己的动作方式，即使这些动作是没有必要、不合理的。

习惯使人在执行某个动作时更容易坚持，基于此，它通常是很有价值的。然而，我们却很轻易成为习惯的奴隶，最终致使自己的自我评价能力丧失、分辨能力下降。最后，习惯便把我们变成了只有行动没有思考的机器。

第 2 课
什么是好动作

有效率的动作提高行动能力

判断一个动作是否有效率，首先要看它是否可以达到目标，但是仅仅有这一点是不够的。动作必须还能改善一个有生命力的、发育着的身体，至少在第二次做同样的动作时会更有效率。例如，你可以用菜刀将螺丝拧紧，但是菜刀和螺丝都会受损。人体有能力完成非常多的不同类型的动作，但是却很难定义哪些动作是有效率的，且哪一种定义都过于简单化。下面，我们将试着弄清"哪些因素让一个动作执行得更好"。

随意动作具有可反转的特征

如果我们只是将手以中等速度从右向左移动，再移回来。这时，手的动作可以随时中止，或随时向反方向运动，或进行其他动作。这种动作符合可反转特征的要求。

即使我们并没有思考过这个问题，但是上述简单动作类型中所包括的这种特征是与生俱来的。我们在所有随意的、从容的动作中都可以发现这种特征。我们将其称为可反转的特征。在膝盖下面的肌腱上敲一下，小腿会有一个弹踢动作，这是一种反射性动作，我们不能控制、反转和改变这种动作。如打战、抽搐等的其他动作也属于我们不能控制的范畴。这些动作都是不可反转的，因为它们不受随意系统控制。

好的动作是轻盈自如的

如果我们再回想一下"从坐到站"的动作，我们就会明白：当随意控制系统与身体对地心引力的自动反应不冲突时，当两者为完成动作合为一体、相互帮助时（动作指令好像从单一的控制中心发出），我们就可以做出一个好的动作。通常情况下，在进行相对较慢的动作时随意控制是有效率的，只要动作不危及人体或引发巨大的疼痛，自动反应系统就不会发出指令或越过随意系统发挥作用。

在不知道什么是好动作要素之前，我们已经知道上文中所说的简单的手部动作是好的动作。从原则上来讲，轻盈自如的动作就是好的动作。

学习如何将费力的动作变成好的动作是非常重要的，这里的"好"是指动作变得更有效率、更流畅和轻松。

避免困难的行为方式固化了个人的行为模式

一般而言，人类在 13~14 岁时就停止发展或提高他们对环境的调节能力了。到了这个年龄如果还觉得大脑、情绪和身体的某些活动困难或不能完成，那么这些活动将不会成为个人的习惯。其结果是，此人的能力发展受到了限制，事实上他的能力应该还远不止于此。

那些在生理或社会发展过程中遇到困难的人通常会受到这些限制。当某人不断地经历某种困难，他通常会放弃自己难以掌握的活动。例如，他会告诉自己，"我学不会跳舞""我不善社交"或"我永远也学不会数学"。这种情况不仅会影响他决定放弃的领域，也会对其他方面产生影响，甚至会影响他的整体个性（人格）。

"某些事太难了"这种感觉会蔓延，并影响其他活动。我们很难估计个体缺乏某些特质以及他从来没有去尝试的事情的重要性。因为上述原因而导致的个体在各个方面的损失也是难以计算的。

提高没有限度

一个用惯了火把或油灯看书的人会觉得使用蜡烛已经非常好了，他不会在意蜡烛燃烧时散发出来的油烟和气味。当我们使用人造光源后，我们才知道我们给自己设定的极限是因为我们对未知的无知。当我们知识储备增加后，我们对自己行为的感觉能力和精细度都会提升，我们之前所认为的自然或正常的限度也会增大。

一个人的发展越完善，他的行为就越轻松自如。行为的轻松自如也就意味着感觉与肌肉的组织更为和谐。当我们在完成动作时没有紧绷和多余的用力，动作就更轻松自如，这种感觉会进一步提升敏感性和分辨力。在这种情况下，我们就会发现：即使之前自己可能感觉非常轻松的动作仍使用了不必要的力。动作的敏感性（感受性）会进一步增加，并逐步增加到更高的水平。为了不断突破某一水平界限，整个人格就必须重新组织。当到达这个阶段，进一步的发展与提升将不再是缓慢和渐进的过程，而会是一个突变的过程。此时，执行动作时的轻松状态已经达到另一个新层次，具有了新特质。

假设一名演员、演说家或老师出现了声音沙哑的情况，并开始研究如何提高自己发音的清晰度。首先，他会试着找出自己的呼吸器官和喉部是否有用力过度的情况，当他学会减少用力程度，用轻松的方式讲话，他会惊奇地发现之前他的下颌和舌部做了很多不必要的工作，这是他之前没有觉察到的却会让声音变沙哑的原因。因此，一个部位获得的改善会使他对于相关部位进行更仔细和准确的观察。

当他在使用新的方式持续改善自己的发声时，他可以用不费力的方式使用自己的舌部和下颌，他可能会发现他之前只是用自己口腔的后部和喉部在发音，而没有使用口腔的前部。这种发声方式会让他在呼吸时更费力，因为他需要使用更大的空气压力来让声音通过口腔。现在，当他学会在发声时同时使用自己口腔前面的部位时，说话会变得更轻松。他会发现自己使用胸腔和膈肌的方式也有所提高。

同时，他会惊奇地发现影响胸腔、膈肌及口腔前部肌肉的原因在于颈背部肌肉的持续紧绷。颈背部肌肉的绷紧会导致他的头和下巴前伸，进而使呼吸不流畅、发声器官位置不正常。上述发现会让他进一步观察自己站立与移动的方式对于发声的影响。

上述的情况表明个人的整体个性特质与合理的发声均有关联。但是，即使他观察到了这些并已经获得了改善，发音也更为轻松，事情却还不止这么简单。他发现他的声音在之前仅能维持

在一个八度音域内，而现在无论低音还是高音的音域都有所扩
展。他会发现自己的声音有了新的品质，或者他可以唱歌了。上
述变化为他打开了更多的可能性，并发掘了自己从来没有想过的
才能。

使用大肌肉进行繁重工作

为了更有效地完成动作，身体运动时的繁重工作必须由为此
而设计的肌肉完成。

如果我们仔细观察，我们会发现大而强壮的肌肉是与骨盆相
连的肌肉。很多工作是由这些肌肉，特别是臀部、大腿和腹部肌
肉完成。远离身体中心区域，位于肢体上的肌肉会逐渐变得更加
修长。四肢肌肉的主要功能是让动作更精确，与骨盆相连的肌肉
产生的力通过肢体骨传导至肢体，从而让肢体完成动作。

在身体组织完善的状态下，由大肌肉产生的力通过小肌肉相
关的骨骼被传递至执行动作的目的地，但是在这个过程中力并不
会被减弱。

若力传递的方向上存在角度那么会导致损害

在理想的状态下，身体产生的力会沿着脊柱和四肢骨骼纵向
传递，且传递的线路基本上是在一条直线上的。如果身体在主要
的动作路线上形成一个角度，由骨盆肌产生的一部分力就不能达
到它应去的方向；此外，韧带和关节就会受到损伤。例如，当我
们伸直手臂推物体时，源自骨盆的力量会直接通过手臂和手传递
给被推的物体。如果此时肘部是弯曲呈 90° 的，手施于物体的力
不会大于前臂的力。这时，由于大肌肉的力不能对完成动作起辅

助作用且被身体吸收，因此，动作就会变得困难和不舒服。

当与骨盆相连的大肌肉产生的力不能通过骨骼结构传递时，为了让某些肌肉承担一部分与骨盆相连的大肌肉本可以轻松完成的工作，胸腔就不可避免地会变得紧绷。良好的身体组织会使我们在执行大部分正常的动作时感受不到用力和紧绷。

理想动作线路

在身体从一个姿势向另一个姿势转换时（例如，从坐姿到站立，从躺到坐），运作感觉就像不需要使用肌肉，而只是靠着韧带将骨骼连接在一起——这样的动作线路对于骨骼而言就是理想的线路。为了沿最短、最有效的线路从地面上站起来，身体必须以这样的方式进行组织：身体必须按照由头拉起整个骨骼的方式完成动作。如果按照这个线路完成动作，肌肉的力会通过骨骼传递，与骨盆相连的肌肉的所有力都会被合理使用。

第3课
动作的基本特征

在本章中，你将会了解随意肌控制机制的基本特征。你会发现，在进行了大约30个缓慢、轻柔、简短的动作后，肌肉的张力就会发生变化（张力，是指在肌肉收到有意引发的收缩指令之前的收缩状态）。一旦肌张力发生变化，它将会扩散至你进行动作的那半边身体。当身体中心区域的大肌肉进行更多的工作，而肢体仅将力传递至正确的方向时，动作会变得更轻易。

扫描身体的状态

躺下。将双腿分开，放在舒服的距离。将双臂举过头顶，靠在地面上，稍分开。让你的左臂与右腿大致在一条线上，右臂与左腿大致在一条线上。

闭上眼，试着观察身体哪些部位与地面相接触。观察脚跟放在地面上的方式，双脚对地面的压力是一样的吗？双脚跟与地面的接触点是一样的吗？采用同样的方式去观察小腿肌肉、膝关节后面、臀部、浮肋、上肋部、肩胛与地面接触的方式。观察双肩、双肘、双腕分别与地面的距离。

通过几分钟的观察，我们就会发现身体两侧，包括肩膀、肘、肋部等部位与地面的接触情况是不同的。很多人发现用这种方式躺着时，他们的双肘根本就触不到地面而是悬空的。他们的手臂并不是放松地放在地面上，并且对于他们来讲保持这个姿势非常不舒服。

某些肌肉在我们不知情的情况下仍在工作

人体有 1 块尾骨、5 块腰椎、12 块胸椎和 7 块颈椎。在骨盆区域，哪一块脊椎对地面的压力最大？平躺在地面上时你的所有腰椎都能与地面接触吗？如果不是，是什么原因让它们抬离地面的？你的哪些胸椎与地面接触更多？在本节课开始之际很多人会发现他们有 2~3 块脊椎与地面有明确的接触，而其他则形成拱形。这一发现让我们感到奇怪，因为我们的意图是让你躺在地板上休息，不要用力或做动作，因此从理论上来讲，每一块脊椎都应该接近地板，并至少有一个点接触到地板。因此，似乎是肌肉将与它相连的那部分身体抬离了地板，只是我们并没有觉察到。

因此，如果我们若不是有意识地对某些部位施力，就不可能将整个脊柱平放在地面上。但是，一旦这种有意识的用力不存在了，那些被拉至地面的部位就会再次离开地面。为了让整个脊柱自然地放在地面上，我们必须让那些在我们不知情的情况下工作的肌肉停止工作。如果有意的、受意识控制的用力不能让我们将脊柱放回到地面上，那么我们该如何做呢？我们将采用非直接的方法试一试。

重新开始每一个动作

再次躺下，像之前一样伸展四肢。现在，可能至少你的双手可以触到地面了，也有可能你的肘和上臂可以触到地面了。

现在，抬起你的右上臂，上抬时仅用肩膀进行动作，直到手刚刚抬离地面即可。动作要非常缓慢，以最小动作幅度进行。之后，再将手臂放回至地面。再次重复上述动作，重复进行 20~25 次。每次在抬起、放下后要停止所有动作。两个动作之间有一个完全、短暂的休息。让每一个动作都是一个新的动作，与之前动作相互独立地进行。

动作与呼吸的协调

如果你仔细观察，你会发现当手臂在抬起之前会有一个伸展的动作，你的手背会有在地板上滑行的动作。在进行几次动作后，你也会发现动作与呼吸之间会形成协调。抬起和伸展手臂的同时，你会发现正好是你要开始呼气的时候。

休息与观察

在完成了 25 次动作后，将手臂慢慢放回到身体两侧。在将手臂移动到身体两侧时，动作要缓慢，因为快速的动作有可能会让你刚才工作过的那个肩膀感觉到疼痛。

将双膝弯曲，双脚踩在地面上，休息片刻。在休息时观察左侧身体与右侧身体的感觉有何不同。

缓慢且平稳的动作

现在，转身趴在地板上，像之前一样把双臂和双腿伸直。将右肘缓慢抬起，直到离开地面（手不必非要同时抬起），之后再缓慢地将它放回到地面上。

在完成这个动作时，双臂要舒服地伸展。因此，你可以让双手的距离比双肘的距离更近一些。也就是说，可以将双肘弯曲，双手相互靠近。

继续在呼气时进行抬起肘的动作。至少进行 20 次。如果动作足够缓慢和平稳，你会发现右肘会进行一个"爬行"的动作，在它要离开地面之前会有一个伸展的动作。当肘开始抬得足以带动手腕之后，手也会开始离开地面。

去除不必要的用力

在将手腕上抬时，很少有人的手是很自然地向下垂。很多人在不知情的情况下紧绷手的伸肌（前臂外侧的肌肉）。如果没有这种紧绷的话，抬起的那侧手的手背就会与前臂之间形成一个角度。渐渐地，只要你注意它，就可能会停止这个多余的且之前没有注意到的肌肉用力。

想要消除不必要的用力，我们必须放松前臂的肌肉，也要放松手指。如果你完全放松的话，手会下垂，手掌与前臂的内侧会形成一个角度。此时，如果你再将肘抬起，手就会自然放松地下垂。

运用背部肌肉

继续，将整个手臂、肘和手抬起。不断重复进行，直到你的手臂、肘和手不再吃力，整个用力来自于肩胛区域为止。为了让肩膀向上抬，你在做动作时必须用到背部肌肉。你的肩膀会与肩胛一起向上抬，当然你的右胸也会抬离地面。

再次躺下休息。观察身体左右两侧与地面接触的情况，包括肩膀、胸部和手臂。

同步进行

平躺。将手臂举过头顶，双手分开。伸直双腿，双腿分开。非常缓慢地同时举起右腿和右手臂。动作要非常小，只是将你的手和脚跟抬离地面一点点即可。观察你的手和脚跟是同时回到地面，还是有一个会更早回到地面。当你在弄清楚哪一个先回到地面后，你会发现这个先回到地面的肢体也会在抬起时先抬离地面。在进行这个动作时，很难让上下肢体绝对同时抬离地面。通常情况下，手臂和腿的动作先后有一个非常小的时间差。

为了进一步改善这个动作，首先在呼气开始时先抬起手臂。之后在呼气时先抬起腿。最后，在呼气时同时抬起手臂和腿。通过这种方式可以提高手臂和腿的协调。

感觉脊柱的拉长

现在，交替抬起右手臂和右腿。观察仅将腿单独抬起时，腰椎是否会抬离地面一点点；当手臂和腿一起抬起时，腰椎又有什么动作。

由于与骨盆相连接的肌肉在抬起腿时会参与其中，所以在腿抬起时腰椎也会有抬起的动作。那么，背部的肌肉也会参与到腰椎抬起的动作。那么背部肌肉的参与是必要的还是多余的呢？

将右腿向右转，这时右髋关节、右膝和右脚也会向右转动。现在，以非常非常缓慢的速度抬起腿，观察一下在这种情况下抬起腿时，腰椎的动作是什么样的。在做动作的过程中，你会逐渐明白，在呼气时将手臂和腿抬起，腹肌和胸部肌肉会协调有力。腰椎其实不需要抬起，相反的，它们会压向地面。抬起手臂和腿的动作会变得越来越轻易，你可以感觉到在做动作的过程中身体有拉长的感觉。只要动作执行合理，这种脊柱拉长的感觉在很多动作中都会有。

多余的用力使身体短缩

在很多情况下，肌肉过度紧绷会导致脊柱变短。在做动作时不必要的用力会缩短身体。当你在做动作时，如果你事先认为有困难，身体就会紧缩，从而形成对抗困难的保护机制。这种保护机制会让身体产生不必要的用力，并会影响身体是否正确合理地组织自己完成动作。我们必须通过研究和理解才能提高自己的能力，而不是运用蛮力以保护自己的身体。

此外，这种自我保护和多余用力是个体缺乏自信的一种表现。一旦某个人觉得自己需要尽力去做某个动作，他就会动用自己的意志力，其结果是使用了多余的力量。运用这种方式完成的动作并不优雅，也没有人愿意不断重复这样的动作。以这种扭曲的方式的确也有可能达到自己想要达到的目的，但需要付出的代价绝对比你从表面上看到的要大得多。

休息一下。观察你的骨盆与地面接触的方式，以及左右两侧身体的差异。

怎样才更舒适

趴下。将手臂举过头顶，分开。双腿也分开。慢慢同时抬起右手臂和右腿。观察在做动作时头的姿势。你的脸是朝向右边还是左边？头是放在地面上的吗？试着在呼气时抬起手臂和腿。做几次，先将你的右脸颊贴向地面，即面朝左侧。之后分别用以下方式做动作，将你的前额放在地面上。

比较采用三种不同的头部摆放姿势时你的用力感觉，感觉哪一种情况下你用力最轻松。在身体组织良好的情况下，将左脸颊放在地面上进行右手臂和右腿抬起的动作最轻松。这个动作重复进行 25 次，观察在做动作的过程中，身体对地面的压力在慢慢向左侧腹部转移，即胸部和骨盆之间的部位。

继续趴在地面上进行将右手臂和右腿抬起的动作，但是在进行动作时，同时抬起头，并让眼睛盯着自己的手。进行25 次这样的动作，之后平躺休息一下。

再继续进行同样的动作，即同时抬起手臂、腿和头。观察身体与地面之间的感觉与练习之前有何不同。分别观察身体各个部位与地面的接触情况。观察哪个部位对地面的压力最大。

重复进行 25 次动作，之后休息。

哪只眼睛睁得更大

站起来，走一会儿。观察身体左右两侧的感觉有何差异。包括左右手臂的重量、长度，左右腿的长度。找一个镜子，观察你的脸，观察哪一侧脸更有光彩，哪一侧脸上的皱纹更不明显，哪一侧眼睛睁得更大。

试着回想一下，在每一个动作完成之后，我们在进行观察时，你是否观察到与另一侧相比，一侧的手臂和腿在逐渐地变长。不要试着消除这种身体两侧的差异感，保持这种感觉并持续观察，直到这种差异感觉慢慢变小，直到最终消失。

如果没有其他事情（如烦恼事和其他需要高度紧张的事）打断你的注意力，这种差异感会持续数小时。在这数小时中，观察你哪一侧身体的功能变得更好，哪一侧身体的动作变得更为顺畅。

左侧做动作

身体左侧重复进行上述所有动作。

对角线动作

当你在进行完左侧的动作后，进行对角线练习。

同时将右手臂和左腿缓慢抬起，重复进行 25 次。观察脊椎和肋部姿势的变化。观察同侧手臂和腿抬起动作结束后，背部与地板接触的方式和现在做完动作之后的不同。

休息一下，进行左手臂和右腿同时抬起的动作，共重复25 次，之后休息。

接着同时抬起四肢并抬起头。记住，在抬起时同时呼气。重复25 次。

休息片刻，之后同时抬起四肢，但头放在地面上。

趴下，重复这些动作组合。

平躺在地面上，观察身体部位与地面的接触。像课程开始前一样，从脚跟到头部一个部位一个部位地观察。观察身体所发生的变化，特别是脊椎的变化。

第 4 课
分辨与呼吸有关的部位与功能

在本课程中，你将学习跟呼吸有关的肋部、膈肌和腹部的动作。合理地调整这些动作对于更深、更轻易地呼吸是非常必要的。你会发现呼气与吸气时长的不同，并认识到在重力场中身体姿势的不同会让你自动地调整呼吸过程。相对于上肋部，下肋部的活动会更多一些，因此对呼吸时的贡献也会更大一些。最终你会发现，在没有有意识的用力的直立状态下（即整个身体重量仅由骨骼结构支撑的情况下），你的呼吸会变得更轻易、更有节奏。

胸腔容量与呼吸

平躺。伸直双腿，双脚分开。屈曲双膝，让双脚踩在地板上，像整个人站立时一样，将双脚自然分开。

将双膝靠近，再分开，回来进行几次。直到让每侧膝部位于这样一个位置：足跟的中心点与拇趾和邻近脚趾的中间、膝能在同一个平面上。当膝部放在这个位置上时，是不用使力的。

吸气，将肺部充满，在保持舒服的前提下逐步增加胸部的容量。很多人在吸气时胸骨没有进行相对于脊柱的动作。他们没有依据自己的身体结构增加胸腔容量，而是将背部，即胸腔以及背部稍靠下的部位抬离地面。因此，他们仅通过下肋部的动作来增加自己的胸腔容量。

觉察你的胸椎是否压向地面，胸骨是否远离胸椎向上移动。不要有意识地将脊柱向下压，不要过分用力。只是将气吸入肺中，觉察胸骨是否抬起，同时脊椎是否压向地面。

停止动作。直到你需要再次呼吸时再进行下一次。重复进行数次。

屏住呼吸做呼吸动作

当你已经做完上述动作，并清楚如何做动作后，像之前一样做胸腔抬起的动作，但不进行吸气动作。也就是说，胸腔进行呼吸动作，但是没进行实际的呼气和吸气动作。

重复进行数次这样的动作，直到你觉得你需要呼吸时再进行真正的呼吸。吸足气，再重复胸腔的起伏动作。重复进行5~6次。

停止，休息片刻。你现在呼吸状态与开始进行这个练习前有何不同？

增加下腹部容量

将手指放在腹部，肘不要离开地板。

吸气，将肺部充满气体。屏住气，像准备将气呼出一样压缩胸腔。胸腔空气压力的增加会使压力导向肛门方向，使腹腔的压力增加。随着气体慢慢地推送到肛门方向，腹部会慢慢地变圆，像充气的足球一样。

觉察随着你的腹部变圆，双手会慢慢地贴着腹部向上抬，并向两侧滑动。在腹部充满气体后，压力会均匀地向四面八方扩散。但是，很多人在一开始做这个动作时，不能将腹部向周围扩张（除非他们有较为强壮和发展良好的背部和髋部）；相反，他们会紧绷靠近髋部的下背部肌肉，并一直紧绷到髋部附近的脊柱不得不抬离地面。

在做这个动作时，学习者必须将注意力放在如何将压力向周围扩张，包括向后朝向地面的压力。当你可以这么做时，你会发现把腹部向外或向前鼓起时，你会把空气从肺部排出去。

再次把肺部充满气体，将气从肺部压向腹部，让腹部向周围张开，直到你可以感觉到下背部可以压向地面。

休息，观察呼吸动作的质量有何变化。

横膈膜的跷跷板动作

吸气，让肺部充满气体。之后，在屏住气（不要吸气也不要呼气）的情况下连续做压缩胸腔——鼓起腹部、压缩腹部——扩张胸腔的动作。想象胸腔和腹部是跷跷板的两端，当一侧向上运动时，另一侧会向下运动。通常情况下，你可以在不换气的情况下连续做五六次这样的交替起伏动作。

重新进行 5~6 次。之后，在没感觉到不舒服的情况下更快速地做跷跷板动作。如果你将这个动作做得足够快，就会在肋部和肚脐之间的某个部位辨识到一个动作，甚至会发出漱口的声音。在那个部位，有一个东西正在不断改变它的位置，它的位置被交替向上推向头部方向，之后被向下推向脚底方向。这是横膈膜的动作。正常情况下，我们不会觉察到横膈膜，但是通过这个动作我们即使并不确切地知道它的解剖位置，但我们也可以间接地知道它的位置。

正常呼吸

平躺。伸展双臂和双腿，双脚分开。重复空气从胸腔至腹部交替的动作，并且不要改变正常的呼吸节奏。

就像你可以在屏住呼吸的情况下做胸腔到腹部的交替动作一样，在不改变正常呼吸节奏的情况下进行这个动作也不是不可能的。通过这种方式，你可以分辨出哪些动作是呼吸时的基本动作，哪些动作是呼吸时的多余动作。重复做25次。之后休息 1 分钟。

翻转身体，趴下来。把双臂举过头顶，双手分开放在地面上；双腿伸直，双脚分开。继续做之前的动作。

真正对称的脊柱并不存在

我们很难见到真正对称的脊柱。在大部分情况下，相对于骨盆的平面，肩膀和胸腔的平面有点扭曲。因此，在做所有的动作时，都会出现身体的某一边比另一边更容易的情况。在生命的早期，小孩子可以随性地做出多样化的动作。然而，当生命逐渐成熟，人们总是倾向于重复进行有限的几个动作，有时甚至连续几小时如此，同时忽略了其他动作。于是，身体就会习惯于这有限的几个动作，骨骼结构也随之调整，身体姿势就会变得歪斜。

觉察中间部位

趴着继续做上下交替推压的动作，并观察在胸腔向下推压时，第一个接触到地板的部位是否正好是胸骨的中间；在腹部向下推压时，是否是正中间的部位接触地板。

观察这些是非常重要的，但要做到这一点非常难，因为我们还没有充分辨识这些事的能力。某个人可能会相信自己非常对称地趴在地上，但在外人来看，完全不是这样。不过无论如何，继续尝试做几次上面的动作，并觉察身体的中间部位。

继续做动作，但是在胸腔向下推压地板时，让左侧压向地面更多一些；当腹部向下推压地面时，让右侧首先压向地面。

现在，你的整个背部是在进行从右髋向左肩的对角线动作。做 25 次动作。之后试着在呼吸时让胸腔或腹部中间部位压向地面，观察自己对于中间部位的位置感觉有何变化。

用相反的方式做 25 次动作，也就是让左侧腹部和右侧胸腔交替压向地面。之后试着在呼吸时让胸腔或腹部中间部位压向地面，观察自己对于中间部位的位置感觉是否更清晰了。

翻转身体，平躺。继续进行腹部和胸腔交替的动作，觉察胸腔的动作幅度是否更大了。觉察动作的自由感，并试着辨识背部哪些部位的动作更容易了，你是否感觉到自己从紧缩的状态中释放出来了。

侧躺的跷跷板动作

右侧躺。将右手臂伸直，头枕在手臂上。左手臂上举，环抱头，左手臂靠近左耳，左手指放在右侧太阳穴附近，手掌根放在头顶。用左手帮忙，将头抬起，让左耳朵靠近左肩。保持这个姿势，吸气，将胸腔涨开、腹部内缩。之后将胸腔压缩、腹部涨开。觉察两侧肋部的动作。

在目前的情况下，由于地板会限制右侧肋部的动作，因此右侧的肋部较难涨开，仅有左侧胸腔涨开得更大一些。这个动作会导致头向回做动作，靠近放在面板上的右手臂。

重复做 25 次，之后回到平躺的姿势。觉察身体的哪些部位更向地面下沉，哪些部位与地面接触得更清晰了。

转向左侧躺下，重复进行 25 次同样的动作。

平躺跷跷板动作

平躺，将双肩抬离地面，用双手和两个前臂支撑身体。两个前臂平行摆放。现在，你的胸腔与地面呈一定的角度，头和肩保持放松。低头，让下颌靠近并触到胸骨。保持这个姿势，做 25 次胸腔和腹部的跷跷板动作。之后，平躺，休息。

再次回到双肩离地，双肘、手臂和手支撑身体的姿势，这次让头向后、向地面的方向仰，让下颌离胸骨的距离尽可能远。保持这个姿势，做 25 次胸腔和腹部的跷跷板动作。在做跷跷板动作时，觉察脊柱的动作。

回到平躺姿势，觉察自己的呼吸。现在你应该可以更清楚地发现呼吸的改善，呼吸将变得更轻松和深沉。

跪姿跷跷板动作

跪姿，双膝分开，双脚与小腿在一条线上，脚背朝下。头往下垂，头顶碰到身前地面。双手手掌朝下，放在头的两边以支撑身体的重量，不要让头对地面有过大的压力。

吸气，将胸腔充满，腹部向内收缩。之后压缩胸腔，让腹部涨开。重复做 25 次动作。在做跷跷板动作的过程中，觉察当胸腔涨开时，身体会向头的方向移动，头会在地面上向前滚动。下巴会更靠近胸骨，颈背的肌肉会被拉长、拉紧，脊柱向上拱起的幅度也会更大一点点。反过来，当腹部涨开时，骨盆会向下、向后移动，就好像自己想要跪坐在脚后跟上一样。这时，背部的拱起幅度会变小。

重复做 25 次。之后，躺下，觉察与之前相比，呼吸以及身体与地面的接触情况有什么变化。

跷跷板动作如何影响呼吸

相较于之前的动作，跪姿跷跷板动作对于呼吸的影响更大。在直立姿势时，肺与其他呼吸器官处于"悬挂状态"，它们会被自己的重量向下拉到最低位置。当空气被吸入身体时，为了使肺部扩张，需要有一个主动的提拉力量。在跪姿跷跷板动作中，头顶碰触到地面，肺部会被拉向头的方向。吸气时，也就不需要有那种提拉的力量。但在呼气时，就需要费些力气让肺部回到它原来的位置。此外，我们知道肺部组织本身并没有肌肉，肺部动作主要依靠肋部、横膈膜和腹部肌肉。

你是否观察过在平时的直立姿势时，我们吸气过程更快，而呼气过程更慢？例如，我们说话时，句与句之间几乎没有什么停顿。我们会在相对较长的呼气过程中运用自己的声带说话。当我们将头顶放在地面上时，呼气过程变短、变快，吸气过程变长。你可以自己试一下，看实际的情况是不是如此。

脊柱弯曲与骨盆动作

跪姿，双膝分开。将头和手放在上一个动作的位置。移动左膝，让它更靠近头。重复进行胸腔和腹部的跷跷板动作。当胸腔张开时，身体会跟之前一样向头的方向移动；但当腹部张开时，骨盆会往后移动，但这次骨盆只会往右脚跟方向移动，并且骨盆会有一些扭转，不再与双肩呈平行状态。在这种姿势下做跷跷板动作时，你可以觉察到脊柱有两种动作：其一是跟之前一样的凸起和下凹动作；其二是骨盆相对于双肩的向左、向右动作。

重复做 25 次。之后躺下，休息。觉察与之前相比，胸腔、呼吸以及后背与地板接触情况有什么变化。

回到跪姿，同样的姿势，但这次让右膝更靠近头，并做25 次动作。觉察在这个姿势时，骨盆的动作与之前有何不同。试着找出出现这种差别的原因。如果你现在还找不到原因，随着学习时间的延长，当你观察和分辨动作的能力提高后，你就会找到答案。

打开背部

坐在地板上，双膝打开，双脚底碰在一起，双脚脚掌外侧与地面接触。将右手放在左胸腔下的肋骨上，左手放在右边的肋骨上，低下头，自己抱着自己。吸气，先将胸腔张开，之后将腹部张开。重复进行。

觉察双手手指下面肋骨的动作。在这个姿势下，前侧胸腔很难张开，这是由于胸腔的一部分肌肉正在参与做抱紧自己的动作。因此，肺部的张开主要靠背部下侧肋骨的动作。

这是最有效率的呼吸动作，因为呼吸发生在肺部最宽的部位。

重复做 25 次。观察后侧肋骨，它们在持续做动作吗？

站起身。觉察与课程前相比自己的身体是否站得更直。觉察双肩摆放的状态，它们应该有很大的变化。觉察呼吸，呼吸也应该比之前更好。这种积极的变化是大家在做完实际练习后的效果，是我们朝理想方向前进的一小步。仅仅从字面上理解呼吸的机制是不可能达到这种效果的。

第 5 课
伸肌与屈肌的协调

本课中，你将学习如何增加背部竖脊肌的收缩，以及学习通过长时间的收缩腹部屈肌来增加背部伸肌的肌张力。你也会拉长那些扭转身体的肌肉。通过动员（激活）颈部前侧的对抗肌，可以拉长颈背部的伸肌，进而改善头在直立位的平衡。你还将学习如何分辨头和躯干的动作。

扭转动作（图 1）

平躺，伸直双腿，双脚分开，屈膝，双脚踩在地面上，右大腿跨过左大腿，双腿交叉。现在只有你的左脚踩在地面上。

双膝同时向右侧倾斜。右腿的重量会帮助双腿向更朝右侧的地面倾斜。现在，再让双膝回到起始位置，之后再让它们向右侧倾斜。重复做 25 次。做动作时，双手臂放在身体两侧。在双膝向右侧做动作时呼气，向回做动作时吸气。这样，一次来回的过程中，呼吸也刚好完成一个循环。

图 1

　　在双膝向右侧倾斜时，觉察骨盆的动作。左侧骨盆会被拉离地面一点点，并朝向左侧大腿的方向，骨盆也会拉着脊柱做动作，而脊柱会拉着胸腔，直到左肩胛会有一点点抬离地面的感觉。双膝继续向右倾斜，直到左肩抬离地面。之后，再做反方向动作，回到起始姿势。在做动作时，试着觉察身体扭转的线路，在骨盆带动左肩的过程中，会涉及哪块脊椎和肋骨。

　　在做动作的过程中，头一直在地面上，但是脊柱的动作也会带动头做动作。在双膝向右侧做动作时，右侧脸颊会更靠近胸骨；而双膝回到起始位置，头也会回到原来的位置。

　　伸直双腿，休息一下。试着觉察两侧的骨盆哪一侧有更大的变化。你会发现，有一侧骨盆会更贴近地面，与地面的接触更完全。是哪一侧？

双膝的动作（图2）

屈曲双腿，双脚踩在地面上，双脚分开。双膝分开一些，让每一侧膝盖刚好放在与脚垂直的位置。你也可以试着将双膝分开，再靠拢，直到你可以清晰地感觉到自己的膝盖正好与脚垂直。在这个姿势时，肌肉不需要用力就可以不让膝盖有向内靠拢或向外分开的动作。

将双手臂抬起，指向天花板方向。将双手合拢，好像自己准备拍手的姿势。你的双肩、肩胛、手臂、双手现在形成了一个三角形。将右肩从地面上抬起，双手向左侧倾斜。在做动作时，之前形成的三角形不要有变化，双肘不要有动作，双手之间不要相互滑动。之后，再回到起始姿势，同时

图2

吸气。在做动作的过程中，骨盆不要有不必要的动作。

在三角形向左侧倾斜时吸气，在回到起始姿势时呼气。重复做 25 次。

观察一下，你是否必须抬起头才可以做这个动作，以及在脸不朝左侧转的情况下动作幅度有多大。

休息一下，觉察哪一侧肩更贴近地面了。再次屈膝，将右膝跨在左膝上，让双膝向右侧倾斜。看一下双膝向右侧倾斜的动作幅度是否更大了。

变换双膝交叉的方式，让左膝跨过右膝。双膝开始做向左侧倾斜再回到起始姿势的动作。重复做 25 次。休息一下，觉察身体哪些部位离地面更近了，与地面的接触更好了。

再次让双膝向一侧倾斜，然后觉察动作的幅度和难易程度。只有通过这个觉察的过程，才能了解进行了下一部分的练习后，自己是否有进步。

在下一个学习内容，你将使用身体的上半部分完成动作。

肩胛向右做动作

像之前一样，回到上肢的三角形姿势。之后将三角形向右侧做动作，重复做 25 次。

休息，觉察双肩与地面的接触情况有什么变化。

将双膝屈起，左膝跨在右膝上，向左做动作。观察在做完手臂和肩部的动作后，动作有没有变化。动作幅度增大的原因在于肋部肌肉的放松，肋部肌肉的放松有助于让脊椎的转动更自如。

双膝做动作，同时抬起头

将右膝跨在左膝上。在不用力的情况下，将双膝向右侧倾斜。保持这个姿势。

双手交叉，放在头后，用双手将头抬起。在抬起头的过程中，双肘在脸的前方相互靠近。之后，将头放回到地面，双肘也慢慢打开。吸气，之后在呼气的过程中用之前的方式将头抬起。虽然骨盆和双腿的位置是转向右边的，但让头正常地向前抬起。

重复做 25 次，每次在抬起头时呼气。在做动作的过程中，觉察肋部、脊柱、骨盆与地面的接触变化。

休息 1 分钟。觉察躯干的哪个部位可以更完全地沉向地面了。

用另一种方式交叉手指

左膝跨在右膝上，双膝在舒服地幅度内向左倾斜。用与之前不同的方式交叉双手手指。

现在，在不思考的情况下双手手指交叉——可能你会用自己之前习惯的方式做，之后再换另一种方式，觉察这个小小的变化对于肩部和头的位置的影响。你甚至可能有歪歪扭扭的感觉。

抬头，重复做之前的动作，并注意每一个细节。

重复做 25 次。之后，与之前相比，觉察背部与地面接触的感觉有何变化。

骨盆附近脊椎的变化

平躺。屈曲双膝，双脚踩在地面上。将双手手指交叉放在头后，在呼气时用手将头抬起。重复做 25 次。平躺，休息 1 分钟。试着觉察发生在骨盆附近脊椎的变化。也许这是你有生以来第一次在不用刻苦用力的情况下，骨盆附近的脊椎接触到地面。也许，只是沉下去更多了，因为背部肌肉仍然存在一些需要被放松的、过度紧绷的张力。

双手环抱身体，拉转躯干（图 3）

平躺。双膝屈曲，双脚踩在地面上。将右手从胸前穿过，放在左侧腋下、左肩胛上。左手臂与右手臂交叉，将左手放在右侧腋下、右肩胛上。

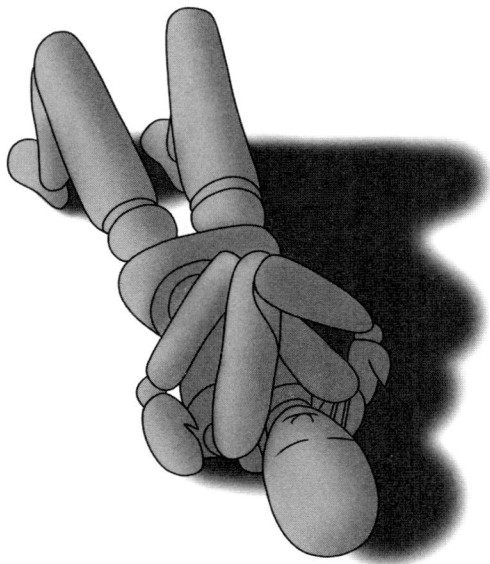

图 3

现在，用右手从地面上拉起左肩，身体向右转。之后，用左手将右肩从地面上拉起。这样来来回回地让躯干在地面上左右转动。不要用骨盆帮助躯干做动作，仅用躯干进行左右转体的动作。重复做 25 次。在刚开始做动作时可以慢一些，如果你能用轻松的节奏进行左右转动后，可以加快动作速度。

休息一下。换一下双手臂交叉的方式，让左手放在右侧腋下，右手臂从左手臂前面交叉。再进行 25 次动作。在刚开始做动作时可以慢一些，之后再加快速度。

保持头不动，转动躯干

休息。回想一下，之前做左右转动躯干的动作时，头是否也参与到动作当中。几乎可以肯定的是，很多人的头都会参与。再次做左右转动躯干的动作，但这次将双眼盯着天花板上的某个点。双肩环抱躯干，做躯干左右转动的动作，保持骨盆不动，眼睛盯着那个固定的点，这样在做动作时你的头就不会参与到动作中去了。这个动作是你所不熟悉的，平时我们一般会将肩和头转向同一个方向。

休息 1 分钟。再次做躯干转动的动作，但是这次让头与肩一起左右转动。之后，在继续做躯干的动作的某一时刻，让眼睛盯着天花板上的某个点，让头保持不动。觉察当你学会将头与肩的动作分开后，躯干转动的幅度有什么变化。

头和肩向相反的方向转动

休息。继续做躯干的左右转动动作。但是，将头眼转动的方向与双肩转动的方向相反。做动作时，让动作慢慢变得更协调和平顺。

变换双手臂交叉的方式，再做 25 次头眼动作与肩部动作相反的动作。休息。之后，再做头与肩相同方向的动作。你会发现即使你转动的角度已经慢慢变大，但现在动作也更轻松、更平顺了。

平躺休息 1 分钟。觉察脊柱有没有进一步的变化。现在，所有的脊椎都可以接触到地面了吗？腰椎接触到地面了吗？

慢慢地起身，走几步，觉察现在你的头部是如何摆放在身体上的，呼吸如何，肩部有什么感觉。你会发现，在没有刻意用力的情况下，你的整个身体立得更直了。回味一下这些变化。在这么短的时间内，通过这么简单的动作，为什么你的身体能够发生这么明显的变化呢？

第6课
通过虚拟钟表盘进行骨盆动作的分化

在本课中，你将学会精细化控制骨盆，改善脊柱的排列，并发现骨盆肌肉不必要和无意识的用力。你的协调能力会得到提高，躯干和头也能够协调地做相反方向的动作。这些能力的提高有助于你在直立姿势时完成脊柱的扭转动作。在原始的动作模式中，眼、头、躯干通常会一起向左或向右转动。在觉察到这些之后，我们就可以采用分别转动或不同组合转动的方式做动作，从而增加最大转动的幅度，并让转动动作变得更轻松。你也将更明晰身体内由动作引发的感觉与肢体在空间中的位置之间的联系。

改变腰椎的屈曲

平躺，双膝屈曲，双脚踩在地面上，双脚分开保持在舒服的距离，双脚大概与双髋对齐。双手放在身体两侧的地面上，与身体保持舒服的距离。

背部肌肉用力，让腰椎与地面形成拱形，将骨盆抬离地面。慢慢增加这个拱形的幅度，大到可以让老鼠从下面钻过去。在做这个动作时，你会觉察到自己的双脚同时也在抓地面。在骨盆的上半部分抬离地面后，骶骨部位对地面的压力会增加。

骨盆后面的钟表盘

想象在骨盆的后方贴着一面钟表盘。其中，钟表盘上数字 6 的位置在尾椎上，12 在骨盆靠上接近脊柱的位置。你可以用手触摸到数字 12，这个位置在第 5 腰椎下面。在做动作时，心里一直要有这个钟表盘的概念。在刚才进行的动作中，下背部拱起后，压力最大的点在 6 点钟位置。

回到钟表盘，3 点钟的位置位于右侧髋关节，9 点钟的位置位于左侧髋关节。而其他各个整点则位于相应的位置。

再次做动作，将骨盆的大部分压力转移到 6 点钟的位置，也就是尾椎部位。这时，你的背肌会让腰椎向上拱起，骨盆和膝关节肌肉的收缩也会增加腰椎拱起的幅度。这种收缩也会牵动你的双脚，但它们仍稳稳地踩在地面上。

现在，将大部分压力转移至 12 点钟的位置。这时，你的腰椎和骨盆靠上的部位也贴到地面。而你的尾椎将抬离地面，双脚对地面的压力将会增加。

边做动作，边觉察呼吸

将压力点移到 6 点钟的位置，之后再移动到 9 点钟的位置，这样来回做 25 次。逐渐地减少用力，在压力点移动的过程中，不要有卡顿的情况，动作要平顺，同时在动作时觉察呼吸。在做动作时保持轻松、平稳地呼吸，不要让呼吸受到身体姿势变化的影响。骨盆的动作应该缓慢、连续不间断，姿势转换要平顺流畅。

双腿伸直，觉察骨盆的感觉。觉察与之前相比，哪一些部位与地面的接触有变化。你有没有发现，当你边做动作边觉察呼吸时，你的头也开始与骨盆一起协调地做动作。头是不是也在小幅度地复制骨盆的动作？

头后面的钟表盘

想象在你的头后面有一个小的钟表盘。钟表盘的中间点是头放在地面上时压力最大的那个点。当骨盆的最大压力点在6点钟的位置时，头会被脊柱向下拉，下颌会碰到喉咙，头的压力点也会移到6点钟的刻度上。当骨盆的压力点来到12点钟的位置时，脊柱也会将头向后拉，下颌也会远离喉咙，头部对地面的最大压力点会更靠近头顶，在头后面的12点钟位置上。

重复做25次骨盆的动作。让骨盆对地面的压力点在6点钟和12点钟之间来回移动。但是，这次做骨盆动作时，让头跟着骨盆自然地做动作。

觉察在做动作时的呼吸过程，以及骨盆动作如何通过躯干传递到头部。休息1分钟。

再次将双膝屈曲，脚踩在地面上。将骨盆的重量压到3点钟的位置上，也就是右侧髋。现在，会觉察到左脚比右脚对地面的压力更大，左髋会从地面上抬起。右腿的压力会减少一些。接下来，做相反的动作，让压力点转到9点钟的位置。反复做25次。

做动作时不要干扰呼吸的节奏，不要收紧胸腔，觉察在这种情况下头如何在小幅度地复制骨盆的动作。休息 1 分钟。

连续地做绕钟表盘的动作

屈曲双膝。将骨盆压向 12 点钟的位置。之后，将压力点转移到 1 点钟位置，再回到 12 点钟位置。重复做 5 次。

现在，让骨盆从 12 点钟位置通过 1 点钟再到 2 点钟的位置，再从 2 点钟回到 12 点钟位置。重复做 5 次。

之后，再从 12 点钟到 3 点钟（通过 1 点钟和 2 点钟）。重复做 5 次。

之后，再做 12 点钟到 4 点钟、5 点钟、6 点钟的来回动作。每个动作重复做 5 次。做动作时，觉察动作的弧形线路，且动作在每个点上都不要有停顿。

觉察在做动作时，骨盆运动的确切位置越来越精确，每个压力点形成的线越来越像真正的弧形。骨盆在从一个点到另一个点时，动作要平顺，不要有断断续续的情况。

休息一下。伸直双腿，觉察左侧骨盆与右侧骨盆的差别。在平躺时，试着回想一下你的头是否跟着骨盆在做小幅度的动作。我们做很多事情时，并没有觉察到自己在做。

回到 12 点钟的位置。将压力点转到 11 点钟，再回到 12 点钟。重复 5 次。之后，做移到 11 点钟再回到 12 点钟的动作。像之前一样，一直变换到从 12 点钟到 6 点钟，再回到 12 点钟的动作。每个动作重复做 5 次。

休息 1 分钟，觉察身体的变化。

增加弧线长度

将骨盆的大部分压力移到 3 点钟位置，也就是右侧髋。将压力转到 4 点钟，再经过 3 点钟后，转到 2 点钟。之后，再做相反的动作，从 2 点钟经过 3 点钟到 4 点钟的位置。重复做 5 次。

下面，将两边各增加一个小时的幅度。现在，从 1 点钟至 5 点钟做来回的动作，下面的动作是从 12 点钟到 6 点钟的动作。每个动作重复做 5 次。

休息一下。觉察在做完这些动作后，骨盆与地面接触情况的变化。

将 9 点为起始点，左边重复进行刚才的动作。

休息。在做动作时，你觉察到头的动作了吗？觉察到脚的动作了吗？身体其他部位呢？

整体与局部

用骨盆在地面上顺时针画 20 个圈。在做动作时，将身体作为一个整体来进行觉察，同时也要觉察各个部位各自的动作。注意力系统地从身体的一个部位转移到另一个部位，但同时也不要忘了身体是一个整体。在这么做时，作为整体的身体只是背景，不会那么清晰。这有点像人们在读书时的感觉：我们快速扫过一页书，这种方式对于清晰地理解是不够的，使用这种方式，我们只能领会那些确实看得清楚的字词所表达的意思。

在不停止骨盆和头的顺时针动作的同时觉察头的动作。在做动作时，有时以头引领、有时以骨盆引领来做动作。觉察自己的动作质量在逐渐提升，动作变得更连续、顺畅、精确和快速。

休息。之后做 20 次逆时针动作。

主观与客观判断

到目前为止，我们已经想象了在身体上的钟表盘，并根据时刻点让身体对地面施压。现在，想象钟表盘是放在地面上的，并在脑海里测量 6 点钟与 12 点钟之间的距离。之后，将骨盆上这两个点之间的距离与地面上的相比。哪个更长？哪个更具体？哪个更正确？在第一种情况下（钟表盘在地面上），你的判断更客观；在第二种情况下（钟表盘在身体上），你的判断更主观。

随着课程的进行，你会发现在这两种情况下你的判断是不一样的，但是主观的判断会逐渐接近客观判断。换句话讲，与客观判断相比，主观感觉的运作范围更宽泛。客观判断会将我们的认知能力局限在周围简单的物质现实中。具体现实施加了必要的限制，但是对我们外人来说它只是最低标准。任何神经系统的真实潜力只能通过个人的特征来断定，即每个人自己的品格。在这个测试中，人与人之间有着很大的差异。当这个概念被大家广泛接受之后，一般水平就会提升，而人与人之间的差异范围也会变大。

内在与外在接触

再次用骨盆进行顺时针画圈动作。这次在做动作时想象骨盆钟表盘上的每个刻度都向外突出一点点（就像橡皮图章一样），因此，地面上会留下每个时刻的印迹。让自己的注意力同时放在骨盆上的每个时刻以及地面上的印迹上。这就是我所谓的"交替建立内在与外在接触",直到两者以单一的运作方式进行整合。

休息。像之前一样,觉察整个身体与地面接触方式的变化。

骨盆重复做逆时针的动作。休息,同时回想在这堂课开始之前身体躺在地面上的方式,找到这些变化。到目前为止,你的提高似乎已经达到了极限,你的骨盆应该在纵向、横向都可以平放在地面上了。但是,事实并非如此,动作的改善永无止境。

骨盆旋转

屈曲右腿,左腿保持伸长、自然弯曲的状态。现在,做20次骨盆的顺时针运动。觉察与之前相比,哪些"时刻"位置对地面的压力更大,哪些"时刻"位置对地面的压力没那么大。

屈曲左腿,右腿伸长,骨盆做20次逆时针画圈运动。觉察哪些"时刻"更清晰。那些现在变得不太清晰的"时刻"会和上一个动作(右腿屈曲)中不太清楚的"时刻"是相互对称的。

伸直双腿,观察与之前相比,你的骨盆与地面的接触是否有进一步的变化。你会再次发现,只有在变化发生后我们才会清楚地觉察到之前的姿势是什么。

平躺,双脚分开,骨盆做顺时针转动的动作。觉察在做动作时,哪些位置对地面的压力更大,哪些位置对地面的压力更小。再用逆时针的方式做动作,比较与顺时针的动作相比有什么差别。

　　将右腿跨在左腿上。做 20 次顺时针动作，之后再做 20 次逆时针动作。休息，觉察做动作之后的变化。再将左腿跨在右腿上，重复做之前的动作。

　　至少休息 1 分钟。非常非常缓慢地向一侧翻转身体，并站起来。觉察骨盆相对于脊柱位置有何变化，呼吸的品质如何，手臂与双腿的动作有何变化。你可以觉察到眼睛和脸部肌肉有何不同吗？

学习的继续深入：动作变化

　　如果课程继续进行下去，我们将采用新的动作模式，例如你们将学习头和骨盆以相反的方式做动作。当头做顺时针动作时，骨盆做逆时针动作。采用这种方式将有助于提升身体意象、改善身体部位之间的关系，以及动作的连贯性。这意味着我们对身体控制的程度还有进一步提升的空间。

　　当你的觉察得到了进一步的发展后，我们将在课程中加入新的元素，即眼睛的动作。双眼可以随骨盆一起做某个方向的动作，而与头部做方向相反的动作；反之亦然。随着觉察能力的日臻成熟，理解能力也会跟着提升。

　　你也可以尝试使用其他姿势做骨盆画圈的动作，如用前臂将自己上半身撑起，双膝屈曲向外，让双脚底相碰（图 4），或手臂伸直、双手放在身体后面支撑身体，坐在地面上做动作。在这些不同的姿势下，你可以尝试多种不同的变化。

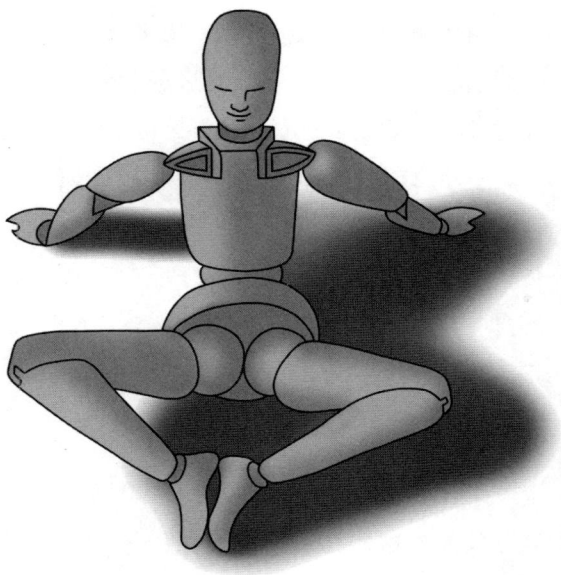

图 4

第7课
头的摆放如何影响肌肉的状态

在本课中，你将探索头与颈部的肌肉的工作对于身体其他所有肌肉的影响。头部动作越轻松自由，头转动的幅度就会更大，身体转动就越可能接近解剖学上的最大幅度。你会发现想象动作所带来的快速效果，并学会区分动作的投射意象与实际动作。学习将这两者进行区分，可以改善对肌肉的精细控制。你会发现将投射动作与实际动作区分后，动作会变得更精细。

双腿向右转（图5）

俯卧，一只手掌在上，另一只手掌在下，前额放在双手上面，双手手掌放在地面上，将双脚分开，双脚的距离大约与髋部同宽。将双脚抬起，膝关节弯曲，双脚并在一起。双膝与大腿大约呈直角，双脚脚底朝向天花板。

将双腿向右转，也就是说让它们向右朝地面移动，但是不要让左膝抬离地面。在右脚向右靠近地面时，左脚会沿着

图5

右踝和小腿滑动。在双腿向上回到起始位置时，左脚又会沿
着右小腿和右踝滑回来，并与右脚靠在一起。重复这个动作
25次。并觉察在做腿部动作时，身体骨骼结构的哪些部位将
腿部转动的动作从腿部传导至颈椎。

觉察在腿向右侧靠近地面时，你的哪一侧肘会被拉向双
腿的方向；而在双腿回到起始姿势时，它又是如何回到原来
的位置。肘的动作虽然非常小，但也能够觉察到。

面朝左，双腿向右转

把左手掌放在右手掌上，将头向左转，把右耳和右脸颊放在双手背上。弯曲双腿，把左右小腿向右转动，再回到起始姿势。觉察身体前侧的肋骨，在向右做转动动作时哪些胸骨对地面的压力增加了。调整姿势，让胸部放松，这样以减少肋部对地面的压力。同时让承受压力的区域更大一些，直到压力变小。在做每个腿部动作时，觉察脊柱从下向头部方向一节一节脊椎之间的相互影响。同时觉察这些椎骨的转动是否有规律，或者在哪些部位几个脊椎是一起转动的，而不是一个接一个地转动。注意，当你把头转向左侧后，腿部的动作幅度是不是变大了？

平躺，扫描身体

做完 25 次动作后，翻身平躺。扫描身体，觉察躯干与地面接触是否有任何变化。将头左右转动几次，觉察头向两边转动有何不同，也就是说，向哪一侧转动更轻松、更平顺一些，幅度也更大一些。

面朝右，双腿向右转

再次翻转身体，腹卧。把左手掌放在右手掌上，把头转向右侧，左脸颊和左耳放在手上。继续做小腿向右转的动作，做动作时不要改变双腿间的距离，像之前一样，让左腿沿着右腿滑动。

觉察脊柱扭转的幅度更大了还是更小了，双腿向侧面转动是更容易了还是困难了，头转向右侧后，对腿的动作是有帮助还是有妨碍。

扭转脊柱与呼吸

想象有一个手指沿着脊柱从尾骨到颅骨底部滑动，并且在滑动的过程中手指能够明确地感受每一节脊椎。使用这种方式，我们可以觉察每一节脊椎的动作，并观察脊柱的扭转是否一节一节地进行，哪些脊椎的动作更明显。觉察在做动作时，哪个时刻肺里充满气体，是双腿在转回到起始姿势时，还是主动向外转动时。当你趴在地上做动作时，为了让动作更轻松、幅度更大，应该呼气，肋部放松。

翻转身体，休息 1 分钟。

双膝并拢，头不动

再次趴下。头转向左侧，把右耳和右脸颊放在地面上。双手手指交叉，并将它们放在左耳上，双肘放在头两侧的地面上。采用这种方式是为了让自己的双臂对左侧脸颊施加一个轻柔、持续的力，进而增加头向侧转的幅度。躯干的动作可以改善脊椎的动作，而双臂的动作会让你感觉到这些变化。弯曲双腿，让小腿与地面成直角，双膝并拢在一起。这时，你的脚底正朝向天花板。

保证双膝在做动作时一直并拢，就像双膝和脚踝被绑在一起一样，将双腿向右转。这样的话，在双腿向右转的时候，左膝和大腿必须离开地面。这样来来回回做动作 25 次。

软化身体

找到腿部动作与呼吸之间的配合，在腿向外转动时呼气。同时特别留意胸椎上部和颈椎下部，觉察整个脊柱发生的扭转。骨盆的扭转会带动脊柱的拉长。注意左肘的动作，在第一次做动作时，试着拉长身体，同时让腿的动作越来越平顺，动作线路也更圆滑。尤其是在改变动作方向时，更要注意这一点。

改变头部动作

在做完动作时，把头非常缓慢地转回到中间的位置。颈椎以及颈部肌肉目前所发生的变化非常大，如果不在意这些变化直接像之前一样做动作，可能会有不舒服的感觉。只要第一次做动作时小心一些，之后就不必要再特别小心地做动作。相反，在做动作时头朝向哪个方向，哪个方向上头部的动作就会有非常明显的改善。

转身平躺，头放在地面上，左右转动。观察动作是否真的有所改善，而且在刚刚做的动作时头所朝向的方向，动作是否变得更平顺，转动的幅度更大。

去旧迎新

在某个特定姿势做完大量连续动作后，再回去做一般平常动作时会不舒服，甚至疼痛，这是一个非常值得讨论的现象。我们习惯于使用经常使用的肌肉工作模式，而其他模式是我们的身体不会使用的。当大部分肌肉发生深入的改变后，例如同样的动作连续做 25 次之后，我们通常仍会对肌肉发出指令，让它们使用旧有的工作模式。

只有体验改变和深入地觉察，我们才会说服自己进行不同的思考，以及给予自己不同的指令。只是当改变后的感受让我们不再相信并抑制旧有的习惯模式（这些旧有的习惯模式已经对我们不再有效），我们才会接受新的模式，并将这种新的模式作为新的习惯或第二天性。理论上讲，心智上的努力已足够；但从实践上来讲，却远远不够。要知道，我们的神经系统是如此的结构化，以至于习惯会得以保留，并努力让习惯固化。

与渐进地改变习惯相比，突发性的创伤更容易终止一种习惯。这是一种功能性困境，而这也是为什么我们要强调在每一次进步出现后注意它，并在一系列动作后吸收这些进步。因此，我们的感觉能力获得了双重效果：一方面我们会抑制那些我们现在觉得错误的、沉重的、不太舒服的、之前使用的自动动作模式；另一方面，我们会迎接新的模式，它们让我们感觉更可接受、更流畅、更让人舒服和满意。我们获得的这些认识不是来自于理智上的——经过证明的、被理解的以及有说服力的，而是来自于个人在经历过后的深入的感觉。为了在相似的情况下让我们愿意去以足够精确的方式重复这些经验，进而强化它的效果，并将获得的进步深深地印刻在我们的感觉层面，我们应该理解变化与引发这些变化的原因之间的联系。

更强的扭转动作

趴下，头转向右侧，左侧脸颊放在地面上。双手手指交叉，但这次用你自己不熟悉的那种方式。将双手放在右耳上，双腿并拢，双腿弯曲呈 90°。

将双腿向右侧转。每次做动作时，你的右大腿和右膝都会向自己的外侧转动，双腿也会更靠近右侧地面。你现在可以觉察到，颈椎也会感觉到腿的扭转动作。在一开始做动作时，你不需要一下就把动作幅度做得非常大，让双腿第一次就可以非常靠近地面，即使你可以这么做，但你可能会感觉到不舒服。继续逐步地改善动作，重复做 25 次。同时，仔细地觉察整个身体。

身体两侧在感觉上与动作上的不同

休息。与课程刚开始时相比，你躺在地面上的感觉有何不同。起身，走一走，觉察头部动作、躯干的直立状态、腿的控制、呼吸、骨盆的姿势有何不同的感觉。觉察左眼与右眼有何不同。走到镜子前，看一下你的左右脸是否存在可以观察到的客观差异。这些变化都是因为做了某一侧的腿部练习发生的。

再次趴下。将前额放在双手上，用最简单的方式将双腿向右侧转。现在，你的双腿可以碰到地面了，或至少可以更接近地面了。与课程开始前相比，动作也变得更为轻松、平顺。

转身平躺。从脚跟到头顶觉察身体两侧与地面的接触。

在脑中回想

再次趴下。在大脑中回想你刚才做的所有动作。这样做并不是非常困难，因为我们从简单动作开始到逐步让动作变得更为复杂——动作是发生在脊柱两端的，从颈部到骨盆。

当你可以非常清晰地回忆所有的动作后，向左侧做与刚才所做的右侧动作完全对称的动作。但是，只是在大脑里做。也就是说，想象在做动作时肌肉与骨骼的感觉，动作幅度非常细小，只能觉察非常细微的肌肉收缩，但从外面看看不到你做了什么动作。

采用这个方法很快就可以让你感觉到效果。每个动作你只需要想5次就够了，并且在想的时候也要数做的次数，否则你就可能走神。如果什么都不做，很难保持注意力集中。想动作比做动作更难，很多人宁愿去做动作也不愿意想动作。

想象做5次动作后，休息，并觉察身体的变化。

自我意象的觉察

慢慢地，你会觉察到陌生的感觉，对大部分人来讲都是不熟悉的：一个比较清晰的自我意象。这是一种主要与肌肉和骨骼结构有关的新的自我意象。与你之前所习惯的自我意象相比，它更完整和更精确。

趴下，觉察身体哪一侧的动作更好一些：是你实际做动作的那一侧，还是仅通过大脑想动作的那一侧？

第 8 课
优化自我意象

在本课程中，你将学会在不同的身体姿势下使用一群肌肉完成特定的动作。在 1 小时以内，参与动作的关节会更具柔韧性，甚至可以达到它所具备的解剖学限度。你将了解头部动作对身体肌肉张力的影响，想动作对于实际做动作的影响，并学会抑制以语言化的方式想动作——所有这些都会让身体意象更完整。你也将学会运用"视觉化 / 观想"或仅仅是"想"的方式，把身体一侧获得的进步转移至没有实际做动作的另一侧。

向头的方向举起脚（图 6）

坐在地面上，双膝打开，双脚放在身前，脚外侧触地。把右手放在右脚跟下面，手掌握住脚跟。为了能做到这一点，你需要将脚跟抬离地面一点点，将手放在地面与脚跟之间。手指并拢握住脚跟。之后，用左手握住右脚除踇趾外的其余的 4 个脚趾，即左手拇指从右脚踇趾和第 2 趾之间穿

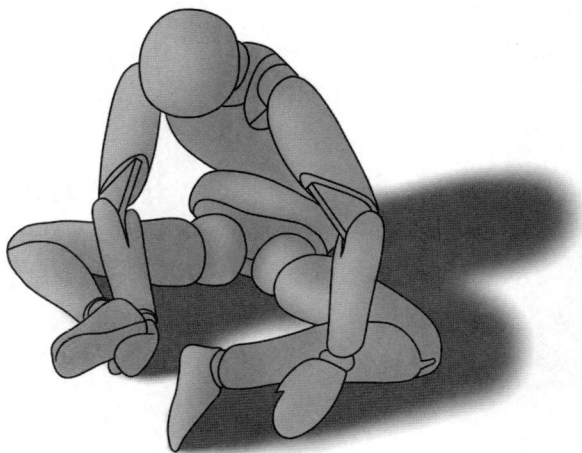

图 6

过，左手手指合拢，右脚的其余 4 个脚趾就会被左手握住
（图 7）。

双手协助下把右脚抬起，同时将脚向远离身体的方向
推。接着以一个非常圆滑的动作将右脚向头部的方向拉。重
复做动作，在双手抬起右脚时呼气。在舒服的情况下让头往
前垂下，从而让你的脚可以更靠近头，之后再向回做动作。

继续做动作，但身体不要有拉紧的感觉，不要太努力做，
也不要勉强做。重复做动作，每一次都让动作变得更平顺、更
轻松、更连续、更舒服。觉察自己的胸腔、肩膀、肩胛，不
要"努力"做动作。"努力做"这种方式不会让动作更轻松、
动作幅度更大。如果我们的身体是一副没有肌肉的骨架，你
不会感觉到任何难度就可以把脚抬起放在头顶。在这个动作
中，肌肉是主要的限制因素，因为即使在完全休息的状态

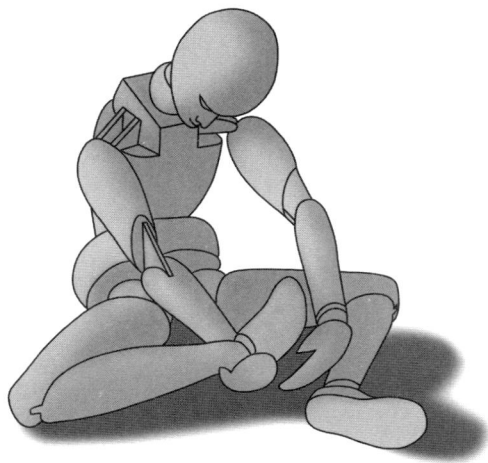

图 7

下，有些肌肉仍会持续紧绷和缩短，它们的长度比真正的解剖长度更短。

　　重复做 20 次动作，之后平躺在地面上，休息。

没有觉察的动作

　　在不费力地做完一个动作后休息，不是为了重新恢复力气，而是让你觉察做完动作之后身体的变化。通常需要花 1~2 分钟或更长的时间才能觉察到变化。那些习惯于做完一个动作不作足够的暂停就做下一个动作的人往往觉察不到一系列重复动作后的变化。很多老师没有给予学生足够的时间去探索各种行动后的"后效应"，即使是像思考这样的抽象活动。

　　在没有觉察、没有分辨和没有理解的情况下使用肌肉就是在做纯粹的机械性动作。这样的动作没有价值，甚至驴子和真正的机器都可以做这样的动作。这样的动作不需要高度进化的人类神经系统。除非有足够的时间允许这个人觉察他正在注意的事实，并且这种注意足以让他能够理解，否则抽象心理印象只是一个纯粹的机械过程。少了觉察，印象只是一种纯粹的记录。结果最多只是心理过程机械性的重复，而不能整合到人格之中。

躺下，将脚举过头顶（图8）

躺下。像之前一样双膝分开，右手所有的手指，包括拇指放在右脚跟下面，左手握住除踇趾外的4个脚趾。与之前一样，双手在双膝之间握住右脚，并抬起右脚。以非常平顺的方式用手将右脚拉离自己的身体，向天花板方向靠近。之后，将脚的移动线路以弧线的方式靠向头部，同时抬起头，让头和脚相互靠近。把脚放回到舒服的位置，但不要完全放下。重复做25次，动作幅度控制在自己舒服的范围内。

在做动作时，要选择一个可以让脚轻松抬起来的线路。只要在做动作时你没有任何一定要把它做好的决心，你就会做得更好。觉察在做动作时脚被抬向头顶方向时的线路以及胸腔和手臂的用力。休息，躺下来。

再次弯曲双膝，并用双手握住右脚。左脚仍放在地面上。双手将右脚抬离身体，之后向右转动骨盆，直到右侧大腿可以触碰到地面。头和身体也转向右边。呼气的同时将颈屈曲，头沿着地面画一个大的弧线向右膝的方向靠近，这样做，有可能会最终坐起来。

再试一次。让左腿抬离地面，伸长，向左后移动，膝关节弯曲，从而帮助自己坐起来。能否在第1次或第2次就把

图 8

动作做好并不重要。无论动作成功与否，都再次平躺下来，试着轻轻地转向右侧，不要特别用力。

头靠近地面做画弧线的动作

继续做头靠近地面的动作。双手非常轻柔地拉着右脚，让头贴着地面做画弧线的动作。想象在膝盖的前方并稍靠右的地方有一个点，头在画弧线时朝着这个点移动。像之前一样，用左腿帮助你做动作。在做动作时放松胸腔，不要努力去做动作，觉察身体上的哪些部位进行的肌肉收缩对于做动作是没有用的。

重复做几次。每次都去觉察在做动作时哪些身体部位在身体意象里是遗漏的，并试着让身体意象更完整。

重复做 25 次。但是，不要期望每次动作都能有结果。休息 2 分钟。

躯干左右摆动

坐着，将双膝分开。像之前一样，用双手握住右脚。将右脚向前、向上抬向头的方向，看一下动作幅度是否有所增大。

不要放开右脚，将左脚放在自己的左侧身后，这时左脚内侧和左膝内侧会接触到地面。同时，将右脚放在身前的地面上。你的头和躯干会向前屈曲。把头靠向身前的地面，朝向你觉得最舒服的位置，大概在右膝或右小腿的位置。用非常舒服的方式把躯干向左向右摆动。

以滚动的方式从坐姿变为平躺，之后再回到坐姿，仅做右侧动作（图9~10）

在做几次小幅度的动作后，增加躯干摆动的幅度，直到你可以从右侧滚动到地面上，并变为躺下的姿势。当然，你的左脚会抬离地面。如果你的动作相当舒服且平顺，你会在平躺后继续翻转，身体几乎会转到左侧。

用左脚推地面，让动作继续回到从右侧开始的状态。弯曲身体，以头为引领并让头与地面保持非常近的距离，向右膝靠近。如果你还记得把左腿屈曲并放在左侧身后，你就一定能再次回到坐着的姿势。

当你回到坐姿后，不要直起身，保持头和躯干与地面尽可能地靠近。在这个姿势下，将躯干和头稍稍向左侧摆动，借助这个向左的动作，身体再向右滚动，直到躺下。重复做25次，之后休息。

继续做，但仅用想的方式

如果你无法成功地在坐位与仰卧位之间来回转换，就试

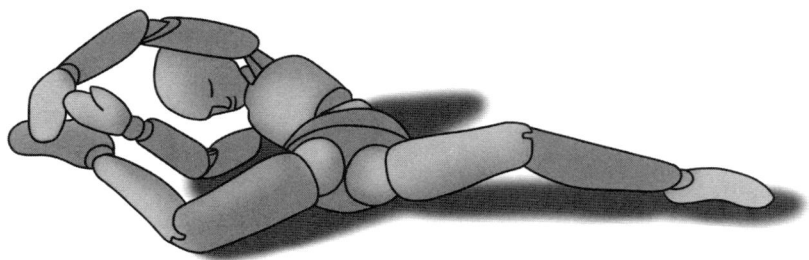

图 9

图 10

着想一下躺下和坐姿动作。坐着想 5 次动作，躺下想 5 次动作。在想的时候，尽可能想到更多的身体部位。虽然是想动作，但要让大脑中的动作连续不断。呼吸保持平稳的节奏，试着再次实际做动作。

在坐着时举起脚，用想的方式和实际做的方式（图 11）

像课程刚开始时那样坐着。双手握住右脚，试着把脚举向头上方，并放在头顶部位。如果你的身体组织良好，就可以在不需要用力的情况下将脚弓内侧放在头顶。如果这样做你觉得有困难，就坐着，闭上眼，在大脑里"观想"整个动作的所有细节。注意一下，如果你不能实际做一个动作，想象一个动作的感觉可能也是困难的。

图 11

用语言描述可以替代感觉与控制

当然，在想动作时用语言描述可能没有困难。语言的最大缺点之一就是：语言让我们远离真正的自我，其程度是我们常常误以为我们已经想或思考了某事，但其实我们只是找到了合适的一些词汇而已。在我们想象动作时遇到的困难，通常在我们做实际动作时也会遇到，要验证这一点非常简单。由于神经系统对于肌肉发出的指令与动作意图并不匹配，在执行某些特定动作时就会出现困难。身体无法弯曲得太大的原因是有意识的指令无法被执行，也由于做动作时的拮抗肌——在上述的动作中那些将背部拉直的肌肉——继续习惯性收缩，而这些习惯性收缩是由不良姿势导致的。有意识地觉察这些让动作出现障碍的活动，就足以快速恢复身体的柔韧度，你会感觉自己像婴儿一样柔韧。身体弯曲的动作变得更连续、舒服，就好像自己刚被施了魔法一样。在出现这些变化后，你会觉得仿佛在黑暗的屋里开了一扇窗，对自己的能力和生命充满了新的感觉。你会发现自己掌握了自己，同时也理解了自己无法控制自己的问题其实大部分应归咎于自身。

让身体意象更完整

闭上眼，在大脑里回想本课的所有姿势。觉察在做每个"动作"时肢体的感觉，并且把每个动作重复 2~3 次。记得在动作与动作之间有足够的停顿时间。再次把脚抬起，观察现在自己是否可以遵循自己的意愿很容易地将脚举过头，是否可以放在头顶上。

改善无止境

也许由于动作上的障碍太多，以至于在没有老师指导的情况下不能够通过一次学习就有上述所描述的大进步。在 40~50 人的包括男性与女性、不同年龄层（有时会超过 60 岁）的团体课程上，通过指导，90% 的人可以达到至少将自己的踇趾放到前额的程度。而且当课程进行到这个阶段时，已经有人可以把脚放到自己的头顶了。重要的是，所有人都有显著进步。如果一个人每次做事都有所进步，那么他的进步是没有止境的。

用想的方式，以左脚做所有动作

站起身走一走，觉察身体两侧在感觉上的差异。脸、双眼、动作、向两侧转身等方面有什么不同。

躺下，将双膝折叠向躯干收。闭上眼，觉察身体左右两侧与地面的接触有什么差异。用想的方式，以左脚做所有之前右脚做的动作。但是想动作时，不要用语言，而是用感觉。每个动作想 3 次，动作与动作之间要有足够的停顿。

与实际做动作相比，用想的方式会带来更大的进步

坐起身，以右侧做动作时对称的方式握住左脚。把脚举过头，试着将它放在头顶。你会发现用想的方式做动作的这一侧肢体更听从你的指令，也比实际做动作的那一侧做得更好。

实际做动作的那一侧肢体做了很多错误和不好的动作，这在我们做新动作时是非常正常的。也正因为此，另一侧肢体做动作时会做得更好、效果也更明显。

相较于机械性地重复，自我觉察的效果更好

请你仔细琢磨一下这句话："相较于机械性地重复，自我觉察的效果更好"。

你的某一侧肢体花了近一个小时的时间做动作，而另一侧肢体仅用了几分钟，而且还是用想的方式。然而，用想的方式的那一侧肢体的进步反而更大。事实上，体操就是采用重复练习的方式进行。而且不仅仅是体操，我们学习的每一件事都是基于重复或死记硬背的原则。当人们练习某种乐器时，有人每天练习却止步不前，而另一个人技艺却日渐提升。只要想一下上面的事实，你就会明白了。对于这种成就上的差异，人们通常的解释是天赋所致。但是，也许所谓的"天才"演奏者在练习时会觉察他正在做什么，而其他演奏者在练习时只是不断地重复和记忆，并认为只要数量足够就能够让自己在音乐造诣上得到提升。

我们之前曾提到内部与外部联系的概念，其中包括通过有意识地觉察，将身体内部的感觉转化至外部空间的变化。设想一下，一位画家观察风景，之后尝试在画布上将它呈现出来的情形。他可以在不注意自己手上感觉的情况下直接使用画笔吗？他可以不去觉察自己双眼所看到的东西，去直接动笔画吗？

我们都有这样的经历：我们在读书时，会往回翻页重新看一下之前的文字，因为我们第一次读到这些文字时没有好好注意。尽管在第一次读时，我们已经看到过这些文字，甚至会无声地读它们，但是我们并没有理解，也没有记住任何文字。在我们读第二遍的时候，我们注意到什么了呢？在读书时，我们能否觉察到自己的思维运作会产生那么大的差异吗？

第9课
空间关系与动作协调

通过本课程，你会了解到有意识地注意移动着的肢体之间的空间关系会让动作更协调和流畅；专注地系统扫描身体的某一部位会去除该部位多余的肌肉紧绷。机械地做动作时，我们学不到任何东西，也无助于能力的提高。如果某人用奇怪的方式做日常普通的动作，通常表明他的协调性差，并不表示他有超凡的能力，事实上，当做动作的能力提高后，人们都更会趋向于以更加接近的方式做这些日常动作。

脸对面的时钟

坐在地面上，双膝向外打开，放在舒服的位置上，双腿交叉或不交叉都可以。把双手放在身后，这样你就可以用双手臂支撑自己的身体。想象你的脸对面是一个带刻度盘的时钟，用鼻子画圈，就好像你在用它推着指针在顺时针转动。鼻子画的圈必须非常小，因为如果圈画得太大，当指针转向

最右或最左侧时鼻子会触碰不到它。继续以非常缓慢的方式
做这个动作，重复做很多次。在做动作时，不要干扰自己的
呼吸。

耳垂的动作线路

想象你的耳垂与左肩之间连着一个非常细的橡皮筋。在
动作做到什么角度时，橡皮筋什么时候会被拉长，什么时候
变短。它会变多长、变多短？鼻子的动作线路是圆形，动作
速度要非常均匀。耳垂的动作线路也是圆形的吗？试着猜一
下，当你的鼻子经过 12 点钟、3 点钟、6 点钟、9 点钟，又
回到 12 点钟的位置时，你的耳垂在什么位置？重复做很多
次，让动作越来越轻柔。靠自己的感觉去跟踪耳垂的动作线
路：只是试着去注意，直到你可以清楚地感觉到相对于肩膀
边缘，耳垂的位置在哪里。

我们做动作，却不知道自己在做什么

前面做的动作并不简单。你不会一开始就做得很好，当然也
没有理由一开始就做得很好。也许你有一些几何知识，通过这些
知识你可以给出自己的答案，但这只是纯粹理性的答案，这个答
案并不能增加你的觉察。当你完全清楚地知道头的某个部位正在
做某事的同时，另一个部位却在你不清楚的情况下也在做着什
么。显然，我们可能正在做着某事，但自己却不知道自己在做。
事实就是这样，当我们在想着头部某一个动作的某个特定的方面
时，我们并没有感觉到头部的所有动作。

注意力在耳垂和颈部之间不断转移

继续做鼻子的动作。在不中断动作的前提下，将注意力放在耳垂上。鼻子能继续做常规动作，让耳垂画圈。你的耳朵在朝哪个方向做动作？觉察耳垂与肩膀相连的那根细皮筋发生了什么变化，现在的动作与之前是不一样的。你的鼻子做动作的线路有什么变化吗？它仍在画圈吗？将注意力回到鼻子，让鼻子继续画圈。再次觉察耳垂做动作的线路。鼻子和耳垂都是头上的一个部位，当一个部位在画圈时，我们可能一直认为头上的其他部位也在画圈。但是，事情似乎没有这么简单。

用左眼看

让鼻子做反向画圈的动作，这时鼻子会推着时针逆时针转动。闭上眼，将注意力放在左眼上。左眼现在看向什么地方？在闭着眼的情况下，试着让左眼看向鼻梁的方向，之后向外看向左眼角方向，同时不要停止鼻子画圈的动作。大部分人在试着用这种方式做几次动作后就会放弃，他们不能找到一个清晰的答案。但是，当我们习惯了这个动作之后，我们就可能会找到答案。

试着让左眼做画圈动作，同时觉察这个动作对于鼻子画圈动作有何影响。休息。

想象着用画笔给头的左半边涂色

舒服地坐在地面上，双腿交叉。鼻子做顺时针画圈动作，同时想象着用画笔给头的左半边涂色，画笔的宽度有两个手指宽。想象着你左手握画笔，把笔从最下的一节颈椎沿着头的左半侧向上画到脖子、头后面，并继续从头顶画到脸、额头、左眼、脸颊、上嘴唇、下嘴唇、下巴、颈部左边下颌，最后到锁骨。之后，再沿着原路返回，一直画回到颈部后面。将画笔向左移一点，继续沿这样的线路，画整个左半边头、脸，一直到左边肩膀。

鼻子做动作，为左半边头涂色

休息一下，之后让鼻子做反方向的动作。再次用画笔为左侧头部涂色，但是这次运笔的方向与之前的呈直角，即这次横向画，先从右至左，再返回去。用这种方式，让左侧的头和脸第2次涂色。觉察在用画笔为头涂色时，鼻子的动作有没有受影响，如果被影响，是在哪个点被影响到？是在画笔改变方向时吗？画笔经过的所有的点都是同样的感觉吗？或者在画笔经过时有哪些部位是感觉不清晰的？在画笔经过哪些点时呼吸会受到干扰？做动作时，在哪些地方会有肌肉紧绷或动作的中断？是眼睛？颈部？肩膀？横膈膜？休息一下。

注意在各个部位之间转移

继续做鼻子逆时针的动作。在做动作的过程中，你可以决定换成用下巴做画圈动作。在做了几分钟之后，换作用耳朵下方的左下颌角做动作。之后将注意力转移到左太阳穴，最后是耳朵与第1颈椎之间的点。每次做完5~10次头部动作后，将动作的中心点转移到头的其他部位，一个接着一个地做，但是在每个动作做完之后，都要先回到鼻子的动作。继续这样做动作，直到头和脸上的所有部位都做过一遍，且每个部位都同样的清晰且不用费太大的心力。休息。

跪姿，左膝支撑，右脚踩在地面上

跪姿，左膝支撑，右脚踩在地面上。右手臂向前伸出去，左手臂向后伸出去。双手臂与肩同高。闭上眼，想象有一个细小的皮筋将你的左耳与左手连在一起，另一根细小的皮筋将左耳与右手连在一起。鼻子做 25 次画圈动作，之后再反方向做 25 次动作。在做动作时，觉察两根皮筋在空间中的拉长与缩短。

左脚踩在地面上

休息。再回到跪姿，但这次右膝支撑，左脚踩在地面上。将左手臂向前伸出，右手臂伸向后方，均与肩同高。重复做鼻子的动作，并觉察两根皮筋的拉长与缩短。

起身，走一走。当你把头固定在左边或右边时，能觉察到有什么不同吗？两侧的空间感有什么不同吗？左右脚趾有什么不同的感觉吗？

从健身操中学不到什么东西

我们已经做的所有动作，无论从空间上讲，还是从涉及的肌肉上讲，都是对称的。但是，是什么引起左侧与右侧的差异呢？我们左侧确实做了相同的动作、相同的次数，但是这些却很难有任何改变。也许很难记得右侧之前的感觉，或许我们不能依据自己的记忆，但是无疑左侧与右侧的感觉是不同的。这意味着动作本身的价值很小吗？

很多的改变发生在我们有意识地觉察的那一侧。我们是否必须假设，除了刺激循环系统、使用肌肉之外，机械地重复其实没有价值。这就是为什么有人做了一辈子的健身操，但却与没有做过的人相比在任何建设性的活动上没有更成功的原因吗？另一方面，有些人在他们的成长期不断地觉察身体的感觉，因此，他们终生都在不断地学习、改变和提高。

动作的趋同

不同的人做同一组简单的头部动作，会做得不同。比如，有一个人在转头时会注意他的耳朵，并认为这是有必要的；另一个人可能会注意耳朵与肩膀的关系；第三个人会注意颈部皮肤的褶皱。因此，可能出现的情况有很多种，所以任何动作都会表现出个人特征。

如果有一大群学生做鼻子画圈动作，在一开始你会看到很多不同方式的头部动作，有些动作非常不寻常，让人难以置信。但是，到课程快结束时，大家做的动作会更为相似。无论是主观感觉还是客观上来看，大家的鼻子开始准确地画圈。

在做动作时，当自我意象能清楚地呈现在个人的觉察里时，当我们对客观或主观印象的扫描就像是用我们的双眼看物体一样容易时，动作就会变得轻松、准确和愉悦。这样的动作也更接近于任何有觉察能力的人所做的动作。个人特征应该用积极的方式表达，而非稀奇古怪。

第 10 课
用眼睛的动作组织身体的动作

本节课程中，你将学习眼睛的动作如何与身体动作进行协调，以及眼睛动作与颈部动作的联系。探索眼部肌肉与颈部肌肉的联系可以增加对身体动作的控制，并让动作做起来更容易。眼睛与头做相反方向的动作，以及头与身体做相反方向的动作，可以增加动作的维度——这是很多人都没有意识到的。通过学习这些动作，可以扩展活动的范围，也可以减少错误的动作习惯。你也将能够分辨控制眼球转动的肌肉与控制视力的肌肉。

站姿，左右转身

双脚稍微分开站立，双臂自然下垂，身体向左向右转动。当身体向右转动时，将右手自然摆动到背部，左手摆动到身体前方，就好像左手想要跟上右肘一样。当身体向左转动时，左手自然摆动到背部，右手向左摆动到身体前方，就好像右手想要跟上左肘一样。

闭上眼，继续进行身体左右转动的动作。做动作时，让头的动作更平顺。在每次改变动作方向时，觉察身体的哪个部位首先启动，是眼睛、头，还是骨盆。重复进行这个左右转动身体的动作，直到你可以清晰地觉察哪个部位首先启动。边做动作边去觉察这些部位，动作要流畅、没有停顿。

睁开眼，继续进行左右转动的动作。觉察你的眼睛是像闭着时那样看向鼻子，还是在看向其他地方——如果是，它们看向什么地方？眼睛的动作是先于头的动作吗？它们会扫过一部分水平视野吗？

眼睛的协调与动作的流畅（图 12）

再次闭上眼睛，觉察一下与眼睛睁开时相比，眼睛闭着时做动作是否会更平顺、更流畅。试着让眼睛睁开做动作

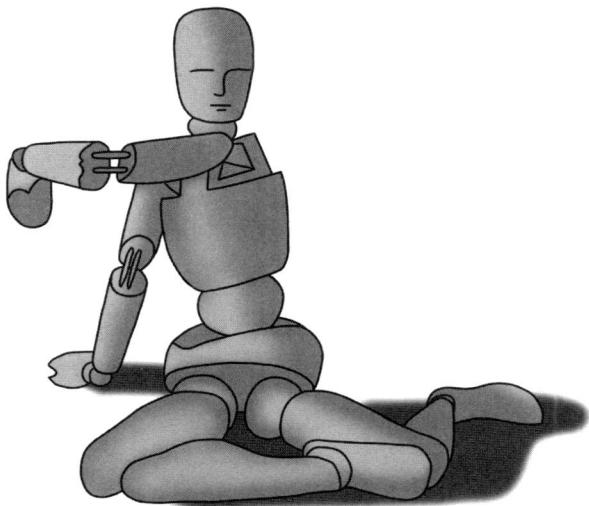

图 12

时像眼睛闭着做动作时一样。很多人认为在眼睛睁着时动作会做得更好，实际的情况却是，睁着眼睛做动作时动作的流畅性会受到干扰，动作的范围也会受到影响。这是因为很多人眼睛的动作与身体其他肌肉活动不够协调。仔细地觉察腿部、骨盆的动作，以及身体转动的动作质量。通过觉察这些，你会发现身体动作的变化，并更好地控制身体的动作。

坐姿，将身体向右转（图13）

坐在地面上。向左侧后方弯曲左腿。现在，你的左小腿内侧和左脚会被放在地面上。将右手掌放在地面上，将右脚拉向自己的身体，右小腿与地面平行，放在身前。这时，右脚底会接触到靠近左膝的左大腿上。将左手向前伸展，放在眼前。以手为引领，将躯干向右转。在做动作时，目光追随着左手拇指。

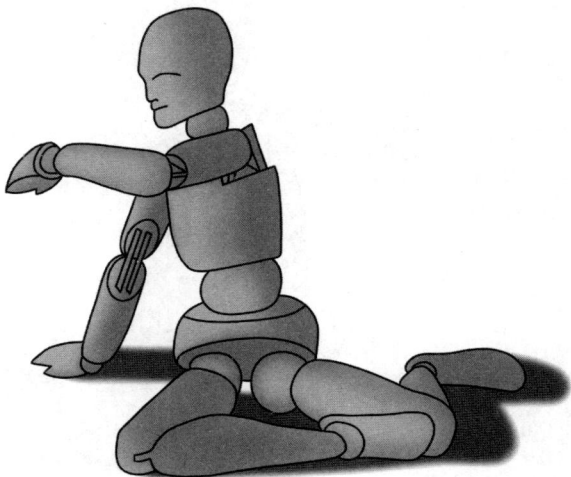

图13

回到中间，之后再向右转动身体，动作幅度控制在舒服的范围内。左肘弯曲，这样左手可以向右移动的更多一些。在头和肩膀向右做动作时，双眼柔和地盯着左手。继续缓慢地做动作，在舒服的范围内增加向右转动的幅度。在做动作时，双眼盯着左手，不要让双眼向右侧转动得更多。不要缩短脊柱，不要让胸部和肋部变得紧绷。在不刻意费力让自己坐得更直的情况下，允许头移动的线路向上一点点。不断地觉察双眼是否随着左手向右转动。当左手的动作停止时，即使不断地强调，很多人还会无意识地将双眼看向更右侧的方向。

躺下，休息片刻。觉察身体背部与地面的接触情况。

坐位，将躯干向左转

坐起来，将双脚朝向右侧，双腿的摆放方式与上一个动作是对称的。将右手臂抬起，放在眼前。整个躯干向左转，双眼追随着右手。在右手向左做动作时，弯曲手臂，这样可以让右手向左移动的幅度更大一些。这样重复 25 次动作，在做动作时尽量让下一个动作比上一个动作更轻松。觉察每一次做动作的质量，在舒服的范围内向左侧转动。觉察骨盆、脊柱、颈背部的动作，觉察肋部是否有过度的紧绷，觉察任何可以影响动作轻松进行的因素。

躺下，休息片刻。

眼睛动作增加身体转动的幅度

坐在地面上。向左后方弯曲左腿。躯干向右转，右手放在地面上支撑身体。这样的话，右手就会放在比之前更往右的地方，因为身体已经向右转了。抬起左手臂，放在眼前。随着躯干的动作，左手臂也跟着向右转。左肘保持弯曲，在舒服的范围内，将左手推向更靠右的地方，然后停在那里。

在保持躯干扭转的情况下，眼睛转向左手右侧的位置，之后眼睛转回到左手上。继续做这个眼睛移向右侧再回到左手的动作，共 20 次。运用头部的动作来引导视线的方向。让眼睛的动作保持水平面上的移动。很多人在做这个动作时，很容易把目光慢慢转向地面的某个地方。

不要缩短身体

为了让这个动作变得更容易，你要避免缩脖子。脊柱要轻松地转动，就好像有人在轻柔地提拉着你头顶的头发，帮助你的头轻松地稍往上做动作。也可以让左侧坐骨抬离地面，这样你就可以更轻松地做动作。休息。

试着以你的左手为引领再次向右转一次，觉察你转动身体的幅度是否更大、更舒服。

除了看，眼睛还有其他功能

眼睛在协调身体肌肉方面起着非常重要的作用，其作用甚至比颈部的肌肉更大。身体上的很多部位都有两个功能：嘴是用来吃东西和说话的；鼻子是用来闻气味和呼吸的；内耳一方面使我们在快速或慢速动作时保持身体平衡，另一方面具有听声音的功能。相似的，眼部肌肉对颈部肌肉的收缩也有着决定性的影响。回想一下，在你上下楼梯的最后阶段，眼睛不看地面是什么状态，你就会明白眼睛对于引导身体肌肉有多么大的影响。

用单只眼看，然后双眼一起看

坐着。向右后方弯曲右腿，左腿靠近身体。身体转向左侧，左手支撑，在舒服的范围内，把左手尽可能放得更远一些。把右手臂抬起，右手放在眼睛前方。沿着水平面的方向向左移动。看着右手，将头和眼转向墙面上的、比手更靠左的某个点上。之后，重复做 20 次看向手、看向墙面的动作。其中 10 次，把左眼闭着，仅让右眼来回看；另外 10 次把右眼闭着，仅用左眼来回看。之后，双眼睁开再做一次完整的动作，觉察一下自己向左扭转的动作幅度是否增加了。通常，动作幅度会有非常明显的增加。

向左后方弯曲左腿，右腿放在身前，向右做同样的动作。记住，交替进行一只眼闭着，另一只眼睁开的动作。

眼睛的协调有助于躯干动作质量的提高

休息。觉察身体的哪些部位与地面接触得更近一些。这些变化都是发生在做完眼部动作之后。如果在以后的某个时间，你发现自己的躯干处于紧绷状态，你可能同时也会发现自己眼睛动作的柔顺度也处于下降状态。因此，掌握眼睛动作的协调技能会对整个躯干的动作质量的提高有所帮助。

身体转向右，眼睛看向左

坐着。向左后方弯曲左腿，将右腿放在身体前面。在舒服的范围内，转动躯干、头和肩。右手支撑在身后的地面上。抬起左手，保持左肘关节弯曲，把左手放在与眼睛同高的位置，左手向右做动作。眼睛先看着手，之后看向左手的左侧墙面上的某个点，之后再看手，这样重复25次。每一次看向左侧时，向左侧的幅度都会增加一点点。

闭上一只眼，继续重复10次这样的动作。之后，再闭上另一只眼，做10次同样的动作。在闭上一只眼时，保持头不动。睁开眼，再进行5次同样的动作。记得想象着在自己的头顶有一个轻柔向上的拉力。最后，再进行一次身体和眼睛都向右转的动作，觉察动作的幅度是否变大了，动作做起来是否更舒服了。

身体转向左，眼睛看向右

坐着。向右后方弯曲右腿，左手支撑在地面上，左腿放在身前，向左转动躯干、头和肩膀。把右手臂放在与眼睛同高的位置，向左做动作，但眼睛做看向右手右侧的动作。先闭上一只眼，之后闭上另一只眼做动作。之后，睁开眼重复5次动作。觉察身体扭转的动作质量。躺下来，休息。

肩膀向右转（图14）

坐着。向左后方弯曲左腿，右腿放在身前。整个躯干转向右侧。首先用右手支撑地面，之后用左手支撑地面，这时双手都放在地面上，分开一点距离。

抬起头，肩膀做向右转的动作。做这个动作时，你的右肩朝右后方移动，左肩会向右前方移动。确定两边肩膀都各自清楚明确地向各自的方向移动，一边向前，一边向后，直到双手对地面的压力相同为止。

在肩膀做向右转的动作时，习惯上我们一般也会把头和

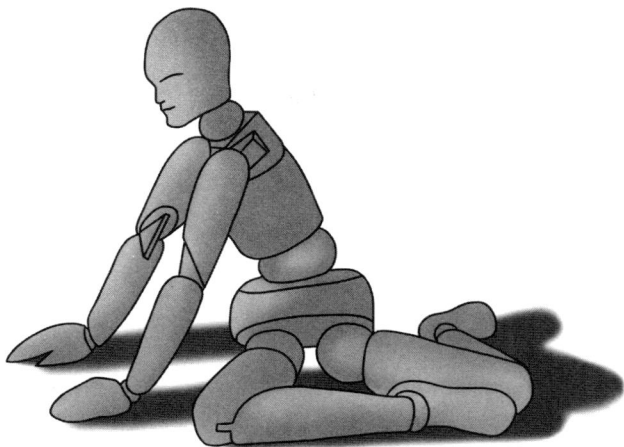

图 14

眼睛向右转。试着做一下肩膀向右转，头向左转，然后肩膀向左转，头向右转的动作。

　　觉察自己的胸腔与呼吸，继续做头的转动与肩膀转动相反的动作，直到你觉得这个动作很愉悦为止。

　　交替做同向和反向动作

　　继续做头与肩膀相反的动作，但是在做的过程中，在没有停顿的情况下转换为头和肩同时向左或同时向右的动作。之后，再在没有停顿的情况下，再转换为头和肩做相反的动作。

　　试着觉察在进行完上述的动作后，躯干扭转的动作幅度是否有进步，动作感觉有何变化。躺下来，觉察背部躺在地面上的感觉有何变化。

肩膀向左转

坐着。向右后方弯曲右腿，左腿放在身前，采用与之前动作相反的方式做动作：头的动作首先与肩膀的动作方向相同，之后再做相反方向的动作。注意，做动作时要避免"一定要成功"的想法。

用力并不会让动作做得更好

在做动作时，如果你总是试着每一刻都达到自己能力的极限，你只会让自己的肌肉感觉到酸疼，关节感觉到紧绷。我们的课程的目的是打破原有的动作和行为习惯模式，但采用用力的方式不可能让你获得进步。通过促进身体各部位动作以及身体各部位之间的关系的分化，可以减少身体的肌肉张力（由非自主神经中枢引发的肌肉收缩程度）并增加真正的有意控制。

很多时候，你需要舍弃自己的习惯模式，问问自己你是否真的正在做你自认为正在做的动作。很多人会自欺欺人，他们会努力地做动作，同时希望肩膀发生运动，而且他们的肩膀的确也会相对于地面和躯干在发生移动。

在做动作时，要确保所有肌肉的用力都能转化为动作。如果这些用力都可以完全转化为动作，则可以提高自己的能力、改善我们的身体。那些没有转化为动作的肌肉用力，会导致身体缩短和紧绷，会导致能量的耗损；而能量的耗损会损害身体结构。

身体向左或右扭转，头做左右屈曲的动作

坐着。向左后方弯曲左腿，右腿放在身前。右手臂支撑

地面，整个躯干向右转。增加一点点身体向右扭转的幅度，然后把右手向右移得远一点点，这样的话，身体在扭转时只能感觉到一点点的紧绷。把左手放在头顶，用手帮助头做左右屈曲的动作——右耳会先接近右肩，之后左耳会接近左肩。在做这个动作时，头仅仅做屈曲的动作，不要有转动动作。也就是说，在左右耳交替靠近左右肩膀的时候，鼻子一直指向开始做动作时的方向。

之后，向右后方弯曲右腿，把左腿放在身前。左手支撑放在地面上，身体向左转。把右手放在头顶，继续做头向左右屈曲的动作。在做动作时，觉察脊柱跟着头一起做动作，你会发现当你的头向右屈曲，脊柱向左屈曲时，头向右屈曲的幅度会增加。反过来的动作也是一样的。

坐位，躯干扭转动作

坐在地面上，双脚朝向右侧。左右转动躯干，慢慢增加动作幅度。就像你在本次课程开始之前站着做的那样，让双手臂随着身体的动作摆动。觉察自己的呼吸是否均匀自由，让躯干的动作更放松。

在进行了几次身体左右摆动动作后，让头与眼的动作与躯干和手臂的动作向相反方向来做。也就是说，当头和眼向左转动时，躯干向右转。反之亦然。之后，在没有停止动作的情况下，让头和眼与躯干做同方向的动作，之后再做反方向的动作。

继续重复这样同方向、反方向的动作，直到从一种方式转换成另一种方式时变得平顺和简单。每个动作做 25 次。休息。

双脚朝向左侧，重复上面的动作。休息。

站起来，觉察与课程刚开始时相比，现在做身体的扭转动作的质量和幅度。

站立位，扭转躯干，脚跟轮流抬起

站立位。双脚大约与骨盆同宽，从右到左旋转摆动手臂和躯干，头随身体一起做动作。在身体转向右侧时，抬起左脚跟；在身体向左侧转动时，抬起右脚跟。手臂的动作是自由的。这样做 20~30 次从右到左旋转摆动身体的动作。

头随着身体做动作，当头的动作变得更平顺和愉悦之后，改变头的动作方向。采用头部动作与身体动作相反的方式做动作，直到这个动作变得平顺和轻松。之后，再反转头做动作的方向，让头和肩膀向同一个方向做动作。试着在不打乱躯干动作的情况下，变化头的动作方向。

走一走，觉察自己身体直立的方式、动作、呼吸有什么变化。

第 11 课
用我们可意识到的部位去觉察那些
我们意识不到的部位

我们会非常熟悉身体上的某些部位，对它们也能有充分的意识。例如，几乎每个人对于自己的嘴唇和指尖都有非常强的意识，但对于后脑勺和腋窝却只有较少的意识——人类目前尚处于相对无知的状态，因此，想要让身体的所有部位都达到完美的自我意象——感觉、感受、思考——是非常困难的。本课程为大家提供了完善自我意象的技术，采用的方式是比较我们能够意识到的身体部位与无法意识到的身体部位之间的感觉的不同。通过本课程的体验，你将会觉察那些在日常生活中处于主动或有意识使用之外的身体部位。

想象中的手指在按压小腿

趴着，双腿伸直，以脊柱为参照，双腿对称地向两侧自然打开。双手叠放在地面上，把前额放在手背上。

想象有人用手指按压右脚脚跟，之后向上按压至小腿和腘窝。想象手指按压的力道足以让按压的人感觉到你的腿骨的硬度；在按压时，手指也不要向右或向左滑。所以，你必须把右脚和右脚趾伸直，并保持脚跟一直朝上的状态。

在臀部滚动的球

现在，想象一个铁球沿着你的腿滚动，它从脚跟的中间开始向腘窝的方向滚动，然后再滚回来。球会沿着最小阻力的路线滚动——也就是手指按压时选择的路线，因此铁球也不会向右或向左偏离。试着想象这条线路上的每一个点，并且不要让球在滚动时错过其中的任何一个点。

先想象手指的按压，再想象铁球的滚动，直到你能够找到所有自己之前不是很确定的那些点。你不需要做任何动作。

想象着，球从腘窝继续向大腿方向和臀肌的方向滚动。

找到股骨，让球从腘窝向臀部滚动。当球到达臀部后，你可能不太确定球下一步滚动的方向。如果你抬起腿，球会向什么方向滚动——试着找出来这条线路。继续让球滚动回腘窝，再到脚跟；然后再从脚跟滚动回臀部。这样来回想着这条线路，直到这条线路上的所有点都被清晰地找到为止。

球在左手背上

左手向前伸，肘关节舒服地保持弯曲。想象着相同重量的铁球停在你的手背上。

找到铁球可以在手背上停放并且不会掉落的点。试着将铁球滚向肘部，想象在手和肘之间有一条明确的线路，球可以沿这条线路滚到肘部；再从肘部滚回到手背上。

现在，还是想象着这条线路，但这次是其他人的手指沿
着它滑过。持续想象，直到这条线路非常清晰。

继续以同样的方式，从肘部到肩膀，清楚地找到铁球滚
动和手指滑动的线路。再回到手背的部位，之后从手背出发
到肩膀，在手背和肩膀之间找到一条清晰的线路。但之后，
和腿部遇到的问题一样，下一步继续的线路并不明确。

回到右腿

回到右腿。试着微微抬起脚跟和小腿。当球沿着腿的后侧
向上滚动时，想象着它滚动的线路。让铁球慢慢地从腘窝滚动
到大腿，想象当铁球滚动到臀部后下一步会向哪里滚动。

当球在腿上滚动时，觉察左肩肌肉的活动。

从右大腿到左肩

想象铁球持续地沿着这条线路滚动——从腘窝到大腿、
再滚动到骨盆，并向左肩胛的方向滚动。铁球滚过骨盆到达
腰背的某个点，在经过这个点之后，铁球会沿着脊柱继续滚
动到左肩胛，试着找到这个点！

微微抬起左肩胛，让铁球沿着相同的线路向回滚动，也
即脊柱、腰背和骨盆，最终到右大腿。在回到腘窝和脚跟
的路线上，找到通过它就会到达臀部的那一个点。清晰、准
确、持续不断地追踪这条线路。

从左手背至右脚跟

将球放回到左手背上。微微抬起左手，让球向手腕方向
滚动；再将手腕微微抬起，这样球就会继续向肘部方向滚动；

继续，直到球滚动到肩胛部位。为了让球持续滚动，你必须组织自己的身体，从而总是让球下一步滚动方向上的那个点比球的位置稍低，或者球当时所在位置的那个点比下一步要经过的那个点的位置稍高。

让球继续从肩胛沿着脊柱、臀部、大腿向脚跟方向滚动。

稍稍抬起右腿，让球滚向臀部，之后再滚向脊柱方向。在这个过程中，持续地组织身体，从而让球滚向肩胛、肩膀、肘部、前臂和手背。为了让球保持在滚动的线路上，手臂必须伸直，这样球的滚动线路就不会出现较大的曲线，以至于在滚动过程中掉落下来。

继续交替抬起手臂和腿，确定自己可以准确地找到球滚动的线路。让球在这条线路上平稳地滚动，你在任何时刻都知道它所在的位置。

球在沟槽中滚动

左耳贴在地面上，左侧肘部稍稍伸直，然后把身体抬起来，让球好像在沟槽中滚动一样，在手到脚跟之间来回滚动。

找到球滚动的线路。确定自己可以清楚地觉察到球滚动到什么位置。

身体背弓

稍稍抬起左手臂和右腿，保持这种身体背弓的姿势，让身体处于平衡的状态，不要有紧绷。将球在腰部形成的曲面上来回轻快地滚动。当你这样做动作时，球有时会滚向手臂方向一点点，有时又滚向腿部方向一点点。试着在滚动线路上的每个点上都觉察到球，并且试着找到你自己要怎样做才能让球向不同的方向滚动。

　　继续让球在腰背形成的弧线里滚动。稍稍抬起手臂和腿，让左耳转向地面方向。逐步增大动作的幅度，从而让铁球滚动线路的长度慢慢增加。直到在每一次做这种振荡动作时，球都可以在手和脚跟之间全幅度滚动。

　　慢慢站起身，走一走。觉察左手臂和右腿，以及从总体上来看球滚动过的线路，跟之前相比有什么不同。

　　从左脚跟至右手

　　再次趴下。双腿分开，右手臂伸展过头顶，右耳贴在地面上。将铁球放在左脚跟上，让它滚向腘窝，再滚动回来；继续，让球从脚跟，沿着相同的线路，沿着脊柱滚动到右肩胛；之后再从肩胛滚动到肘、前臂，一直到手背；之后，再从手背滚回到左脚跟。

　　觉察一下，相较于铁球在对侧肢体上时，这一侧与之有什么不同。像之前一样，想象球的滚动线路，直到你可以在任何时刻都可以对球的位置进行定位，直到这条线路非常的清晰、精确。

　　球匀速滚动

　　当球的线路非常清晰之后，手臂和腿微微抬起，让球在脚跟与手背之间来回滚动。手臂和腿抬起的幅度非常小、动作非常缓慢、非常轻盈，否则球就会偏离原来的线路。试着让球以非常均匀的速度在整个线路上滚动。觉察一下你是否必须在不同的时刻动员不同的身体部位，从而让球最终能滚动到它要去的位置。你必须引导球滚向你想要它去的方向，否则球就不知道要向哪里滚动。

球在腰背部来回滚动

将球放在腰背部。微微抬起手臂和腿，让球以非常小的动作在手臂和腿之间来回滚动。逐渐增加球来回滚动的幅度，从而在每一次做动作时，可以让球最终能够在手背与脚跟之间滚动。

站起身，走一走。觉察与上一次你站起身时有何不同。你能否找到背部和身体内部发生了什么改变吗？你觉得自己有何变化吗？

从颈背部到尾椎

趴着。双腿分开，双手臂伸过头顶。将下巴放在地面上。把铁球放在颈背部的双肩与头之间的位置。微微抬起头，随着头的动作，铁球慢慢滚向两个肩胛之间。你需要组织自己的肩膀、胸部和背部，从而让球找到适当的地方可以滚动。做动作时要非常缓慢。为了要这么做，你必须抬高胸骨，这样球可以沿着与胸骨在背面对应的上背部向下滚动，然后球继续滚到骨盆。在滚动过程中，确保球不要向右或向左滑落。

再让球滚向头的方向。为了让球滚向颈背部，你必须抬起臀部，并组织自己的腹肌、背部和肩膀。颈背部必须放低，这样球可以滚动回来。在整个过程中，膝盖一直与地面保持接触。

就这样，让球来回在骨盆与颈背部之间滚动，每次进行动作时，让动作更缓慢、更清楚。同时觉察并去除那些不必要的动作。在做动作时，头不要向任何一侧偏。

抬起双腿

趴着，双腿分开。微微地将双腿抬起。将铁球从头滚动到骨盆，再滚动回来。双腿始终不要放回到地面上。

这次将双腿放到地面上，再做一次之前一样的动作。觉察双腿放在地面与不放在地面上时有什么不同。

右腿与左手臂抬起

再将铁球放在腰背部。抬起右腿和左手臂，用非常轻盈的动作让球滚动起来。让球从左手背出发，沿着脊柱最终滚向右脚跟。逐渐增加动作的幅度，到最后摇摆的幅度更加明显。

左腿与右手臂抬起

抬起左腿和右手臂。想象球的滚动线路，并能够定位它在什么位置，将滚动到什么方向。球回到骨盆的中间，让它滚向颈背部，再滚动回来。

测试你的想象

平躺。双手臂伸展，并放在身体两侧，双腿也保持伸直的状态。想象球的滚动模式，这会让你感觉身体前侧的意象，这个意象会像在做了之前背部的课程后一样的清晰。

第 12 课
思考与呼吸

有些方法将呼吸的改善作为个性提高的关键。我们在犹豫、感兴趣、受惊吓、害怕、疑虑、努力或试着做某事时，呼吸都会变化。我们的呼吸会受很多不同方式的影响，从完全屏住呼吸到似乎"无法吸到任何空气的"快而浅的呼吸。

完全而有规律的呼吸是符合人体神经与身体结构的，也会让人更有活力，但很多人却不会使用这种呼吸方式。在很多情况下，他们还不知道这种呼吸是什么。

本课程中，你会尝试一些呼吸形式，它会帮助你轻易地将它变为习惯，进而提高你的一般能力。

吸入更多的氧意味着更有活力

每个活的组织都会吸收氧气，再以二氧化碳的形式排出。如果人类大脑细胞被切断 10 秒钟的新鲜氧气供应就会死去或受到严重的伤害。健康的肺可以吸入多于 1 加仑（约 3.8 升）的空气，但是，即使是有意识地用力，它也不会完全呼出所有的气。

在一般情形下，当个体不是很匆忙或进行特殊的体力工作时，他不会动用整个呼吸器官。每次呼吸时，他吸入或呼出的空气量大约是一品脱（约 560 毫升）。在休息的状态下，这种不完全的呼吸已经足够了。显而易见的是，呼吸量少许增加时——假设每次呼吸的量为 1/4 加仑（约 1 升），人体内的氧化过程和整体的新陈代谢过程就会有所提升。

加快呼吸的速度不会有效地增加氧气的摄入，因为快速呼吸时，在空气到达肺部之前，空气增温的时间不充分。提高呼吸的最好办法是动用整个呼吸器官，改善呼吸的最佳方法是使用全部的呼吸器官，即使只是部分使用，也比慢腾腾进行的最小化呼吸过程要好。

肺的结构

人体有两个肺，左右各一个。右肺的体积，无论是长度还是宽度都要大于左肺。这是由于左肺要与心脏和大部分的胃共享一部分胸腔空间。两侧肺的体积差别较大，其中右侧有 3 个肺叶，左侧有 2 个肺叶。

肺的下面是一个像拱顶的肌肉组织，即膈肌。它通过两个强有力的肌肉与第 3 和第 4 腰椎相连。肺本身没有肌肉。我们呼吸所运用的肌肉包括胸腔上半部的肌肉，它们与颈背、肋部肌肉以及膈肌相连。

肺更像是黏性液体，而不是固态的。肺会向与自身相连的任何空的空间扩张。它们被包裹在一个强韧的膜内，而这层膜与胸壁相连。在吸气或呼气时，胸腔的动作会改变肺的容量。

呼吸系统

呼吸系统非常复杂。在睡眠、跑步、唱歌或游泳时，我们会采用不同的呼吸方式。所有不同的呼吸方式的共同点只有一个，即当我们吸气时空气会进入肺部，呼气时空气会从肺部排出。这是由整体系统的结构所决定，在吸气时肺的容量会增加，在呼气时肺的容量会减小。

胸腔前侧、后侧、两侧的动作或膈肌上下的动作可以增加肺部容量。一般来说，我们只使用了整个机制的某些部分，并且也没有完全发挥它们的作用。在快速和长时间的跑步时，我们的呼吸频率会增加，这时才会同时动用所有的呼吸功能。

膈肌

当膈肌收缩时，拱形顶会向腰椎的方向向下移动，拱形的弯曲面会减小。肺叶也会向下移动，同时肺容量会增加，空气被吸入肺部。当肌肉放松，肺组织的弹性会把膈肌往回拉，空气也会排出肺部。在做呼吸动作时，肋部和胸部的肌肉也会参与其中。在呼气时，膈肌曲率增加，会形成拱形；当吸气时，曲率减小，膈肌下降。

胸腔

在吸气时，胸骨会向前向上移动。肋部也会做与胸骨相似的动作。引发呼吸动作的胸腔上半部的肌肉也会向前拉动颈椎。下肋部不与胸骨相连，可称之为浮肋。相较于上肋部锁骨下面的动作，浮肋的动作可以更有效地增加肺的容量。在胸腔的上半部分，肺的结构窄且平，肋部的动作也受限。即使用力收缩，肺容量也只能增加相对较小的幅度。与之相对应的，浮肋的动作则更加自由。即使相对较小的肌肉用力，就可以让肺在它最宽的部位表现较大的扩张效果。

正常呼吸与逆式呼吸时胸腔与膈肌的协调

在胸腔扩张，我们吸气时，膈肌下降并变平，肺部容量也会增加。在呼气时，胸腔收缩，膈肌向上恢复拱形的状态。也存在逆式呼吸的形式，就是在呼吸时膈肌的运动方式正好与上述方式相反。有些人就是采用这种方式呼吸。很多动物在吼叫时也会使用逆式呼吸的方式。它们会在呼气时增加腹部的体积，从而发出较大的声音。在远东地区，学习逆式呼吸是很常见的。因为他们认为与正常的呼吸相比，采用逆式呼吸可以更好地控制肢体和保持挺直的姿势。

事实上，当我们必须突然猛烈用力时，即使我们并未觉察，但我们已经在使用逆式呼吸了。因此，我们有必要对此进行学习。

肺：被动的器官

胸腔的扩张会使肺被包裹它的膜性结构向外拉，空气会进入肺内，这时肺会平贴在胸壁上。当引起胸腔扩张的肌肉放松时，我们会呼出气体。呼气的过程中肺本身的重量和结缔组织的弹性也会起到一定作用。在气体排出时，肺会从胸壁上退回来，同时体积缩小。当然，我们也可以采用有意识排出肺内气体的方式，主动减少肺的容量。

呼吸与姿势

在人的一生中，为了在不同的条件下每时每刻获得足够的氧气，我们必须让空气穿过鼻腔、口腔进入气管、支气管和肺，之后再将气体排出体外。尽管可以屏住呼吸数分钟，但如果呼吸中断的话，哪怕是几秒钟，我们都可能丧命。呼吸系统大部分的肌肉均与颈椎和腰椎相连，因此呼吸会影响脊柱的姿势和稳定性。反过来，脊柱的姿势也会影响呼吸的质量和速度。因此，良好的呼吸意味着良好的姿势，就像良好的姿势意味着良好的呼吸一样。

右肩区域的呼吸

平躺。屈曲双腿，双脚踩在地面上。闭上眼，试着回忆一下我们刚才讲过的有关肺和膈肌的动作。缓慢地呼吸，在吸气和呼气时，以小幅度的方式进行胸腔和腹部的动作。觉察胸腔的动作，"观想"胸腔如何拉动你的右肩膀、锁骨与肩胛之间的部位，空气每次都被吸进这个区域。只在吸气时觉察这个区域，在呼气时不用去特别关注。

空气会从身体的中部进入这个区域，大约在胸骨与地面之间的区域。支气管就位于这个区域，包括右侧的三个支气管和左侧的两个支气管。胸腔会从不同的方向拉着肺，肺被拉向右肩、锁骨与肩胛之间的部位（朝向耳朵的方向），拉向腋窝下方、紧贴地面的肩胛方向，以及胸腔的前侧。

因此你需要花一定的时间"观想"所有的细节，你可能需要做好几次呼吸才能找到答案。觉察参与呼吸动作的肌肉所做的"拉"的动作。

空气进入右上支气管

现在想象空气进入鼻孔，经过上腭，进入气管。每一次吸气时，都这样去想象，直到空气经过的这些部位都非常清晰为止。之后，再想象空气经过鼻孔、上腭进入右上支气管。

再回到鼻孔，等你对此部位清晰后，再一路到上腭、气管、气管周围的空间，到达胸腔，进入肺。进入肺的空气会让肺平贴到胸壁上，同时空气会向上、向下朝向地板的方向、向肩膀和腋下的方向扩张。

空气进入右下支气管

想象空气进入鼻孔、上腭、气管，之后进入右侧第三个支气管，也就是最下面的那个支气管。之后，空气再进入最下面的肺叶。这个区域与肝脏相邻。每次呼吸时，都想着这个路径。

在想象空气进入的路径时，记得第三支气管周围的空间：在这里，空气环绕并挤压着肝脏和髋部。也就是朝前、朝下、朝向双腿方向以及朝向身体两侧方向挤压。

右侧的两个支气管

每次呼吸时，想象着空气从鼻孔、上腭、气管、右侧一上一下的两个支气管经过。想象右侧肺叶的扩张，上面的部分向上，下面的部分向下同时扩张。这样，整个右肺就被拉长，骨盆和腋窝之间的距离也会增加。

每次呼吸时想象着空气是如何将上面、下面的空间填满，以及右肺如何被膈肌拉长。觉察在你做这些动作时，腰椎在做什么。在膈肌将肺向下拉的时候，第 3 和第 4 腰椎应该会从地面上抬起。

中间的支气管

想象右侧中间的支气管。想象空气从鼻孔、上腭，然后进入中间的支气管。无论在何种情形下，右肺叶向上和向下的伸展也会将中间的肺叶拉长。除了上下的扩张之外，肺叶也会向前、向后扩张。也就是说，相对于地面来讲，它会变厚。想着肺的内部，以及胸腔如何把肺向四面八方"吸"。

重复整个过程

试着重复整个呼吸前半段循环的练习，也就是从开始到结束的扩张过程。觉察哪些部位是你可以清晰地感觉到的，哪些是你根本就感觉不到的。重复整个过程，直到整个过程是连续不断的且非常熟悉。在呼气时，想象右肺叶如何回缩。现在，气体会从肩膀、肩胛和胸部回到支气管、气管、上腭，之后再从鼻孔呼出。在呼出气体时，感觉就像从海绵里挤出水来一样。

下面和中间的部分

想象右侧下面和中间的肺叶进行相同的动作。觉察肺如何离开膈肌、肋骨，远离地面和胸骨，并且气体排出。用正常的方式缓慢地呼吸，这样你就可以发现空气进入身体、右肺的扩张；气体排出身体，右肺的缩小。

站起身，觉察身体左右两侧有何不同。

让右肺滑动

坐在地面上，双腿交叉。闭上眼，头向前屈，双手十指交扣并放在头后面，双肘向下轻轻地靠近双膝之间的方向。

如果你觉得这个姿势有点困难，你也应该会发现在脊柱上有些部位缺乏柔韧性的点上，那部分肺也不会动，而且也没呼吸动作发生。凡是难以执行动作的，通常会难以想象。

保持这个姿势，想象着空气穿过鼻孔、上腭，进入气管和支气管。观想右肺向肩胛顶、肝脏的方向扩张。看看在这个姿势时，你是否可以想象自己感觉到肺在身体里面滑动，以及肺的长度在逐渐拉长。注意在哪些点上肺不再能够自由地滑动。当你发现这些点，并能很容易地想象之后，你的头将能更容易地向前屈得更多。

站起身，走一走。觉察身体左右两侧呼吸的感觉有何不同。

你会认同，的确很难相信仅凭想象着空气通过气管和支气管的动作就可以真的把空气导向右肺的那些部位。在你进行了几分钟的想象后，也许你刚才想象过的那一侧的肌肉的运作与之前已经有所不同，你右侧的吸气和呼气与之前相比已经发生了一些变化。然而，在每一次呼吸时，胸腔和膈肌右侧的肌肉与左侧的肌肉都在做相同的工作。因为学习让胸腔的一侧做动作而另一侧不跟着做动作非常困难。你所觉察到的变化源自于你同时对你所观想的那些身体部位的运作以及它们的空间定位的注意，而这种注意会改变肌肉的动作与组织。

事实上，这种变化不是发生在肌肉组织本身，而是发生在你的神经系统，包括整个右侧身体。因此，你会觉察到面部、右手臂、右腿都会变长、变轻。如果你去照一下镜子，你会发现你自己的感觉并不只是想象中的，而是事实存在的。你会发现右眼睁得更大，右脸的皱纹也更不明显一些。

左侧肺的滑动

坐在地面上，双腿交叉。现在想象左肺的扩张。在每次呼吸时，你的头都会慢慢地抬起、放下。觉察在做头的动作的同时，空气会沿着脊柱扩散开。在脊柱僵硬、胸腔不动、胸腔不能有效去吸拉肺的那些点，肺不会滑动。继续，直到你可以想象肺在各个点的滑动。觉察一下自己能否辨识出膈肌拉动腰椎的动作。

站起身，走一走。在你有意识地进行了这么多的呼吸动作后，你能否觉察到自己有何不同。

左肺呼吸，同时偏向右侧

再次坐下。将右腿向后侧弯曲，左腿放在身前，左手支撑并放在地面上，将头偏向右侧，右耳靠近右肩。保持这个姿势，将气吸进左肺。想象着拉长你的左侧肺，向上朝向耳朵的方向，向下朝向髋的方向。这样，肺就会滑动，并充满整个胸腔左侧的空间。呼气，想象肺在整个胸腔中往回缩。觉察头的动作，它也许不再沉向肩膀。头不能弯曲更大幅度的原因在于胸腔缺乏柔韧性，胸腔的肌肉仍太紧绷。如果胸腔的某些部位柔韧性不足，那么这个部位的呼吸就不会很充分。

右肺呼吸

坐在地上，像之前一样进行呼吸练习。想象着拉长右侧的肺，之后在呼气时肺又从胸腔壁上缩回、变小。觉察右侧发生的变化，在肺被拉长的过程中，头和整个躯干偏向左侧，在呼气时它们又向中间的位置靠近。

站起身，觉察身体发生的变化。

附　言

当代对于动物自然习惯行为的研究已逐渐证明，社会的结构因素并非像音乐和数学那样，是人类独创的。附属于特定家庭及领域、效忠种族、敌视邻近族群成员，甚至包括种族中的阶层等级，都在表明领土战争及权力斗争绝非是人类自己的发明，而是来自于人类的动物祖先。攻击的冲动一直是人们在试图改善自我之路上的绊脚石。但是也有少数例外，他们不断地完善自己的觉察，而非压抑自己的冲动，他们是真正追求和平与博爱的人。

如果本能的确是来自于遗传，就像觉察也是来自于遗传，则与压抑我们身上的动物性比较起来，完善我们的觉察应该是更优先的选择。觉察是人类发展的最高等级，当觉察得以完全发展时，觉察会维持一种和谐"规则"来规范身体的活动。若某个个体相当强壮，则他的热情、他的能力也会达到相当的水准。在不减少整体潜能的情况下，压抑其本能行动相当困难。要克服这些本能行动，发展觉察是比较可行的方法。因为一个人的觉察越完整，则他就越能在不违背自己觉察的情况下去满足自己的热情。

他的每一个行动也变得更有人性。

21 世纪以来，在道德、性及审美等方面，年轻一代已从上一代的保守传统中被解放出来。只有在少数领域，例如科学及物质商品的创造方面，年轻一代仍然追随着上一代的脚步，而没有按照他们自己的感觉进行大规模的变动。在这两个领域中，他们踏着既有的道路，但在生活的其他方面，他们或是公开反叛，或是陷于迷茫。

觉察的增加能帮助他们去找到一条可以解开迷惑并释放创造力的路。